JN026198

「教えない教育」で創造力も生きる力も身に付ける

知育こどもアート教室
「アトリエ・ピウ」代表

今泉真樹

東京・四谷にある知育こどもアート教室「アトリエ・ピウ」。幼児から中学生を対象にした子ども向けアート教室である。アートのテクニックだけでなく、自分で考える力も身に付くと評判の教室だ。教室の代表を務める今泉真樹さんには、教室で大切にしているコンセプトがある。それが「教えない教育」だ。子どもの「なぜ？」「どうして？」にすぐに答えを与えることはしない。アートを通して生きる力を身に付けさせたいとする今泉さんの思いを聞いた。

（取材／本誌　兼子智帆・萩原和夫）

「なんでだと思う？ 調べてみようか！」

本棚にずらっと並んだ図鑑を取り出し、のぞき込む先生と子どもたち。アート教室とは思えない光景が広がる。ここは知育こどもアート教室「アトリエ・ピゥ」。幼児から中学生までの子どもたちが月に3度教室に通い、アートを学んでいる。

今日は小学生が「既存の色にとらわれず、好きな色で表現する」という課題に挑戦。虹色のコウモリ、ピンクのイルカ、赤いカブトムシ……。並べられた写真からモデルを選び、思い思いの色で描いていく。

「コウモリって何種類くらいいるの？」写真を眺めていた子どもから質問が飛んだ。

「え〜何種類くらいいるんだろう？ 今度来るときまでに調べて、先生に教えてくれる？」

これこそ、今泉さんが教室で大切にしているコンセプト「教えない教育」だ。問われてもすぐに正解を教えることはしない。常に「どう思う？」「どうしたい？」「なんでだと思う？」と問いかけ、子ども自身が考えたり調べたりする過程を大切にする。

「これ使う人〜？」。しばらく描いていると、この教室で "秘密兵器" という綿棒が登場した。クレヨンで描いた上から綿棒でこすると、油絵のような味わいが出るのだという。子どもたちもびっくりの歓声をあげ、使った綿棒の数を競い合いながら描いていく。1時間半のレッスンは、会話と笑いに溢れ、温かな雰囲気であっという間に過ぎていった。

「色々なパーツや材料を用意してもらえて、テクニックも教えてもらえるところが楽しい」とは小学4年生の男の子。教室で学べるアートテクニックに満足の様子だ。「教室に通い始めてから、日常生活でも、自分で粘り強く考えて、答えを見つけるという習慣がつきました」とは、小学3年生の娘さんが教室に通っているお母さん。「教えない教育」に手応えを感じているようだ。「アトリエ・ピゥ」は、アートテクニックも生きる力も身に付くお得な教室というわけだ。

アートに取り組む子どもたちの表情は真剣そのもの

カラーチャートで色合わせ。
使う道具はどれも本格的

「教えない教育」は
保護者の方から大好評

今泉さんは、日本のデザイン専門学校を卒業後、イギリスの大学へ留学。ロンドンでは、舞台美術と衣装を総合的にデザインするシアターデザイナーとして活躍。日本では、国内外の有名ブランドや宝塚歌劇団のジュエリーデザインなどを手掛けた。自宅に作ったアトリエで息子さんとアートを楽しんでいたところ、ママ友さんから「うちの子にも教えてほしい」とリクエストがあり、2012年に「アトリエ・ピウ」を起こした。

今泉さんの考え方や教室でのコンセプトを作ったのは、幼い頃からの様々な経験だ。海外旅行が好きで、ホストファミリーとして沢山の国の人を受け入れる家庭で育った今泉さん。「本物に触れさせたい」との想いから、両親は舞台鑑賞や美術館、博物館などによく連れて行ってくれたという。その経験が、彼女をアートの道、留学へと向かわせた。留学先・イギリスでの経験も大きかったという。正確さ、テクニックを求める日本のアート教育。制作過程や個性、課題に対する主体性重視のイギリス。日本と海外の教育のいいとこどりをして、創造力や思考力を磨き、生きる力を身に付けさせたいというのが今泉

"秘密兵器"の力でクレヨンが油絵の具に大変身

さんの想いなのだ。

「アート活動を通して、創意工夫しながら問題を解決する力をつけ、強くたくましく生きていってほしいと思っています」

教室のメソッドを家庭でも実践できるよう、書籍を出版したいという今泉さん。アートを切り口にした楽しい学びを提供すべく、様々なことにアンテナを張り巡らせ、美術館へ足繁く通ったり、勉強会へ参加したりとブラッシュアップに余念がない。夏休みには自由研究の指導にも熱心に取り組んでいる。アトリエを巣立っていく子どもたちの活躍も楽しみだ。

●いまいずみ・まき　東京都出身。アトリエ・ピウ 知育こどもアート教室 代表。アート教育セミナー講師。桑沢デザイン研究所を卒業後、英ローズ・ブルフォード大学を主席で卒業。国内外の有名ブランドや宝塚歌劇団のジュエリーデザインなどを手がける。2012年、アトリエ・ピウ 知育こどもアート教室を設立。子どもの自由な発想力や思考力を育てることに焦点をあてた絵画・工作・野外アート活動の指導を行う。新宿区子ども未来基金助成活動【アートミック】アート講師も務める。また、幼稚園教諭や保育士の方向けに、アート教育のセミナーを開催している。保育絵画指導スペシャリスト ライセンス保有。

月の陰の部分は、私の目に見えない時も存在する。本体も何も変わらない。私は目で捉える月の、見えていないところを想像し、すべてが想像の月を描く。描く合間に思う。月だけじゃない、目の前にそのまま見えていると思っていることも、もしかしたら何もかもが私の想像なのかもしれない。

時空に遊ぶ 曼荼羅のいざない Scene3 ◆ 夜半の月

[画・文] **フミ スギタニ** (ペン画作家)

　2018年3月末、体を壊し退職。その後の人生を模索中にネットで偶然見かけた黒い紙にボールペンで描く曼荼羅アートに魅せられ自分でも描くようになった。私は曼荼羅アートを描いていると何も見えない暗がりに光を見いだしていくような気持ちになる。光を求めて私はこれからも描き続けていく。兵庫県を中心に個展やワークショップを開催し活動中。

Contents

特 集

ニューノーマルの学校行事

　学校行事は、子供にとって学校生活を彩る大事な活動であり、学校にとっては子供の人間的な成長を扶ける重要な教育活動です。しかし、コロナ禍で、行事における子供相互の交流が制限されたり、行事そのものが中止に追い込まれたりすることとなり、学校行事の目的を果たすことが困難な状況もみられています。そこで、本特集では、特に、子供の豊かな学校生活や人間的な成長を保障する観点から、コロナ禍を通じ、今後どのような学校行事が求められるかについて、その視点と具体的な事例を提示しながら「ニューノーマルの学校行事」について考えていきます。

with/post コロナにおける
これからの学校行事

獨協大学教授

安井一郎

令和2（2020）年1月に国内で最初の感染者が確認されてから2年7ヶ月を経た現在、我が国では第7波と呼ばれる過去最大規模の新型コロナの感染状況に直面している。この間、学校は、令和2年春の一斉休業を挟み、コロナ禍の児童生徒にとってどのような教育が望ましいのか、その在り方を模索し続けてきた。特に、児童生徒の集団的、実践的な活動を特質とする特別活動は、その特質故に大きな影響を受けてきた。中でも、全校又は学年の児童生徒が一堂に会して活動する機会となる学校行事は、感染リスクが高いと考えられ、子ども相互の交流が制限されたり、中止や延期に追い込まれたりするなど、深刻な影響を受けた。そうした中にあっても、各学校の教師たちは、学校生活を彩る学校文化の象徴とも言える学校行事をなんとかして実施しようと工夫を重ねてきた。本稿では、そのような実践を踏まえながら、with/post コロナにおけるこれからの学校行事をどのように創り上げていくことが求められるのか、その課題についてICTの活用を中心として考察する。

特別活動における ICT活用のポイントは何か

我が国では、従来から、学校教育におけるICTの活用が遅れていると指摘されてきた。OECDの2020年のレポートでは、「頻繁に生徒にICTを活用させているかどうか」について、OECDの平均53％に対して日本は18％と極端に低いことが指摘されている[1]。文部科学省の令和3（2021）年の調査では、令和2年3月の時点で教育用コンピュータ1台当たりの児童生徒数4.9人、普通教室の無線LAN整備率48.9％であったが、令和3年3月にはそれぞれ1.4人、78.9％とハードの整備は進んでいるものの、教員のICT活用指導力については、授業にICTを活用して指導する能力69.8％（「できる」＋「ややできる」の4項目平均）、児童生徒のICT活用を指導する能力71.3％（「できる」＋「ややできる」の4項目平均）であり、十分ではないことが示されている[2]。

このような状況の中で、令和2年3月から約3ヶ月に及ぶ一斉休業以降、各自治体・学校では、ICTを活用したオンライン授業、あるいは対面とオンラインを併用するハイブリッド授業の開発、実践に取り組んできた。すなわち、GIGAスクール構想に基

づいて整備が進んだICTのハードを、学習のツールとしていかに効果的に活用し、児童生徒の学びの質的向上を図るかという課題に直面することとなったのである。

　特別活動も例外ではない。むしろ、集団的、実践的な活動を特質とする特別活動は、知識やスキルの習得・活用を基盤とする学習としての性格を強く持つ教科や総合的な学習（探究）の時間とは異なり、児童生徒が自らの学校・学級生活の質的向上を図る上で、ICTをどのように効果的に活用することができるかという問に答えることが求められている。

　文部科学省の「特別活動の指導におけるICTの活用について」では、ICTを活用する際に求められる観点として、次のように述べられている[3]。

　「特別活動の指導に当たっては、その方法原理である『なすことによって学ぶ』直接体験が基本であるが、指導内容に応じて、適宜コンピュータや情報通信ネットワークなどを適切に活用し、児童生徒の学習の場を広げたり、学習の質を高めたりすることができる。

　特別活動の特質『集団活動、実践的な活動』の代替としてではなく、特別活動の学習の一層の充実を図るための有用な道具としてICTを位置付け、活用する場面を適切に選択し、教師の丁寧な指導の下で効果的に活用することが重要」

　学校行事におけるICTの活用も、その教育的意義を損なわず、より明確に発揮して、特別活動としての学びの質をより高めることができるように考えられる必要がある。

学校行事の教育的意義は何か

　学習指導要領では、学校行事の目標について、次のように規定されている[4]。

　「全校又は学年の生徒で協力し、よりよい学校生活を築くための体験的な活動を通して、集団への所属感や連帯感を深め、公共の精神を養いながら、第1の目標〔＊特別活動の全体目標（筆者注）〕に掲げる資質・能力を育成することを目指す」

　学校行事では、全校、学年、異学年で構成される集団等において、「学校行事の事前の計画・準備・実践・事後の活動に分担して取り組んだり、活動をよりよくするための意見や考えを出し合って話し合ったり、課題や困難な状況を乗り越え、解決したりすること」により、以下のような資質・能力を育成することが求められている[5]。

○　各学校行事の意義について理解するとともに、行事における活動のために必要なことを理解し規律ある行動の仕方や習慣を身に付けるようにする。

○　学校行事を通して集団や自己の生活上の課題を結び付け、人間としての生き方について考えを深め、場面に応じた適切な判断をしたり、人間関係や集団をよりよくしたりすることができるようにする。

○　学校行事を通して身に付けたことを生かして、集団や社会の形成者としての自覚を持って多様な他者を尊重しながら協働し、公共の精神を養い、よりよい生活をつくろうとする態度を養う。

　学校行事は、学校生活を彩る学校文化の象徴とも言える教育活動である。自治と文化の創造を核とする生活づくりの活動としての特別活動を一本の木と見立てた場合、学校行事は、花・実にあたる活動である＊。花は木を美しく彩り、実は豊かな実りをもたらし、それを見て、味わう人々に感動と恵み、潤いと希望を与えるとともに、新しい命を育み、次の世代を生み出していく。花・実としての学校行事は、「他の活動の成果をまとめ上げ、総合的に発揮することによって、学校文化の集大成と学校生活の意味の再発見を図るとともに、新たな活動や学校生

活の活力を生み出す」[6]。[＊学級・ホームルーム活動が根、児童会・生徒会活動が幹、クラブ（・部）活動が枝・葉にあたる。部活動は、教育課程編成上特別活動の内容ではないが、ここではそれに準ずる活動として扱っている。（筆者注）]

　学校行事は、学校が計画し実施する教育活動であるが、重要なことは、児童生徒と教師の協働による自主的、実践的な活動として学校文化の創造に資する活動を展開することである。それによって、児童生徒が、仲間をみつけ協力し合うこと、集団や社会の形成者として他のメンバーの存在を認め合い支え合うこと、何かを創って表現すること、心安らぐ居場所をみつけること等の生きる喜びを実感し、そこから自分たちの現在を分かち合い、未来を切り開く場としての学校という意識を共有することが重要である。そうした日常的な生活の内実を積み重ね、多様な集団と交流することによって学校文化の形成につながっていく。ここに学校行事の教育的意義がある。「学校行事を見れば、その学校が何を大切にしているかがわかる」と言われるように、学校行事は、一過性のイベントでも、特別な催事でもない。学び、遊び、仕事によって構成される児童生徒の日常生活の場としての学校における彼ら自身の「不断の文化創造の過程」として捉えることが必要である。

with/post コロナにおけるこれからの学校行事をどのように創り上げていくか

　令和２年春の一斉休業明けに行われた日本特別活動学会の調査[7]では、学校行事に関して、行事の中止や延期、時間短縮、プログラムの変更、参加者の縮減・交替制等三密の回避を優先する取組が目立った。ICTの活用については、Zoomを活用した学級活動の実践等に比べると、動画の作成・配信、校内放送の活用等が主だったものであった。「実施可能

性があるとしたらオンラインによるものではないかという未知の領域への若干の希望」「対面の次善策として、つながることのツールとしてICTが使える」等の記述にも見られるように、この時点では、学校行事の教育的意義を踏まえたICTの活用については、十分に深められてはいない状況が見られた。

　前述の文部科学省調査では、教員のICT活用指導力について、特に低い値を示したのが、授業にICTを活用して指導する能力の「グループで話し合って考えをまとめたり、協働してレポート・資料・作品などを制作したりするなどの学習の際に、コンピュータやソフトウェアなどを効果的に活用させる」（62.3%）と児童生徒のICT活用を指導する能力の「児童生徒が互いの考えを交換し共有して話合いなどができるように、コンピュータやソフトウェアなどを活用することを指導する」（61.2%）であった[8]。学校行事においてICTを活用する場合も、この点に留意して、効果的な活用法を考える必要がある。

　前述の文部科学省資料では、ICTの活用は、「集団活動、実践的な活動」の代替としてではなく、「より充実した集団活動、実践的な活動、そして自発的、自治的な活動の実現のために学習者端末を活用する」として、「全校などの大きな集団の意思表明、合意形成に向けた学習過程を大きく変え、話合い活動がより充実する」「活動の実態を客観的に把握し、集団においても適時的確に共有できる」「生徒会活動や学校行事ではアイディアを効果的に伝播できる」「イメージしにくい現象を動的にシミュレーションすることで、理解をより深めることができる」また、「集団が大きくなればなるほど、情報共有や意見表明、集計などに学習者端末が効果を発揮」と述べられている[9]。

　当然、これは学校行事だけで実現できるものではない。特別活動の他の活動や教科等の学びの過程においても、情報の収集・共有、資料の作成・提示、

意見の表明・交換、合意形成・意思決定の過程の可視化、活動や学びのまとめと振り返り、記録の作成・保存等に、ICTの有効な活用が行われていることが前提となる。ICTの活用は、従来の黒板、紙媒体の資料、アナログのAV機器等の単なる代替ではない。代替としての役割を果たしながらも、対面を基本としてきた活動に見られた非効率的で無駄の多い活動を効率化し、学びの質的向上を図ることができると共に、新たな学びの世界を構築することができる。

　ICTを活用する最大の効果は、時間と空間の制約を超えて、対面だけの学習では実現できない学びの世界を構築できることである。これからの学校行事に求められるのは、対面に固執しないハイブリッド型の行事を工夫することである。ICTの活用により、対面のみの行事では参加が困難であった外国を含む遠隔地の居住者、不登校児童生徒、障がいや言葉の壁などをもつ人々等も等しく参加できる、現在の児童生徒と過去の児童生徒が共演する、現実の世界と仮想現実の世界を組み合わせるなど、文字通り多様な他者と協働する行事を創り、学校行事の教育的意義をより明確に表現することができるようになると考える。

[注]

1　OECD（2020）：School education during COVID-19: Were teachers and students ready? Country Note　Japan, P.1. ただし、データは、コロナ禍以前のTALIS 2018のものである。
https://www.oecd.org/education/Japan-coronavirus-education-country-note.pdf
2　文部科学省（2021）：令和２年度学校における教育の情報化の実態等に関する調査結果（概要）（令和３年３月１日現在）〔確定値〕、pp.4-5、p.23
https://www.mext.go.jp/content/20211122-mxt_shuukyo01-000017176_1.pdf
3　文部科学省（2020）：特別活動の指導におけるICTの活用について、p.2

https://www.mext.go.jp/content/20200911-mxt_jogai01-000009772_17.pdf
4　文部科学省（2017）：中学校学習指導要領（平成29年告示）、p.164
https://www.mext.go.jp/content/1413522_002.pdf
5　文部科学省（2017）：中学校学習指導要領（平成29年告示）解説　特別活動編、pp.92-93
https://www.mext.go.jp/content/20210113-mxt_kyoiku01-100002608_2.pdf
6　山口満・安井一郎著『改訂新版　特別活動と人間形成』学文社、2010年、p.139
7　日本特別活動学会研究推進委員会コロナ禍下の特別活動に関する学会員対象アンケートWG（2020）：新型コロナウイルス予防対策への対応を踏まえた特別活動の課題と今後に関する調査　第一次結果報告、pp.7-10参照
file:///C:/Users/User/Downloads/%E7%AC%AC1%E5%9B%9E%E3%82%B3%E3%83%AD%E3%83%8A%E8%AA%BF%E6%9F%BB%E5%A0%B1%E5%91%8A%E6%9B%B8201011%20(13).pdf
8　文部科学省（2021）、前掲書、p.23
9　文部科学省（2020）、前掲書、p.3

Profile

やすい・いちろう　神奈川県横浜市出身。1985年筑波大学大学院教育学研究科博士課程単位取得退学。筑波大学、名古屋学院大学を経て、2000年より獨協大学、2019年より国際教養学部長。専門は教育課程論・特別活動論。その他、道徳教育の理論と実践、総合的な学習の時間の理論と実践、教育方法学等の授業を担当してきた。2015年より日本特別活動学会副会長、2021年より同会長。編著書に『改訂新版　特別活動と人間形成』（学文社）、編集・解題に『戦後初期コア・カリキュラム研究資料集』（クロスカルチャー出版）など。

子供が創る新しい学校行事

前全国小学校学校行事研究会会長・
学校法人八王子学園なかよし幼稚園園長
清水弘美

学校行事がないと子どもたちが育たないという事実

　2020（令和2）年2月28日、新型コロナウイルス感染症のために、全国の学校が3月2日で休校となることが発表された。

　この後、ほとんどの学校行事が中止を余儀なくされ、学校行事で育てるべき資質・能力の育成に大きな影を落としていたことが見えてきたのだった。

　前任校である八王子市立浅川小学校の6年生の移動教室で驚いたのは、「子供たちが育っていない」ということであった。集合時間になっても集まらない、係りの子供が前に出ていてもお構いなしで喋る、宿舎ではスリッパはぐちゃぐちゃ、浴室では水を掛け合って大騒ぎをする、食事では世話をしてくれる仲居さんに横柄な口をきくなど、多くの課題が見られた。

　校内にいる時は決して荒れている子供たちではないが、自分たちで主体的に動く集団として機能しないのだ。家族旅行のような気持ちで、サービスをしてもらうことが当たり前であり、指示を受けていない時は、自分たちが学びの当事者であるという自覚を全く持っていなかった。

　「今年の6年生が育たない」。全国の校長たちから

もこの言葉が聞かれた。しかしこれは子供たちの責任ではない。コロナを言い訳に、集団の一員としての自覚や考え方を指導しなかった大人の責任である。

　5年生の時に、在校生代表として卒業生を送ることで、次は自分たちが最高学年だという意識を持つのが卒業式である。そして、新6年生として入学式に参加し、最高学年としての姿を見せ、1年生を受け入れることで責任感を自覚するのが入学式である。1年生の世話をするなど、学校を支えていくために働くことを通して、自分たちが学校を動かしていくという意識を持てるようになるのである。

　年度末から新年度にかけての大事な時期に、学校行事を体験できなかったことが、新6年生の成長を阻害したことは明白であった。

新しい学校行事を作る上での不易と流行を考える

　学校行事に向けたオリエンテーションでは、どのような指導が行われているだろうか。日時や場所、活動内容、役割分担などは知らせているが、それだけではただの事務連絡でオリエンテーションとは言えない。

　一番大切なのは、「何のためにこの学校行事をす

るのか」ということを子供たちに共通理解させることである。教師はこの行事を通して子供たちに育ってほしい姿を熱く語ってほしい。教師の願いを受け止めて、子供たちはどんな自分になりたいかを意思決定するのである。

実施の方法はその時代ごとに流行がある。例えば運動会を例に挙げると、たっぷり練習時間を取って難易度の高いものに挑戦させたり、保護者や地域と共に盛り上がったりした時期もあった。コロナ禍の中では保護者席がなくなったり、オンラインで配信したりと運動会の形は大きく変化してきた。

一方、運動会を行うことの教育的価値は変わらない。全校や学年などの大きな集団に参画して各自が自分の役割を果たしながら協働することや、チームの一員として協力すること、自分の力を最後まで出し切ること、頑張っている友達を応援することなどの、よりよい集団作りや日頃の体育の成果を示して自分の得意を生かしていくことは不易な価値である。

そして、さらにその上を考えるなら、子供たちの中から「この行事をやりたい」という声が出てくるような仕掛けをしてほしい。年間計画にあるからでも、教師に言われたからでもなく、子供たちの中からこの学校行事を行うことの必然性がうまれてくるようなオリエンテーションを作れたなら、運動会はすでに成功したと同じである。

特別活動の学習過程「一連の活動」と「FIDSメソッド」

学習指導要領において、特別活動は学習過程の例として「一連の活動」を示している。その一連の活動を繰り返すことで特別活動の資質・能力は育成されていく。

現在、世界68か国で展開されている「Design For Change」という教育活動では、「I can」と言

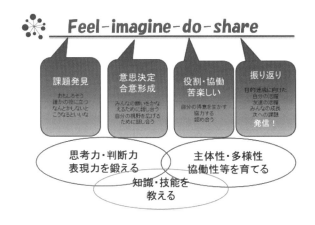

える主体的な子供たちを育てようと呼びかけ、年々広がりを見せている。その活動に使われるフレームが【Feel】～【Imagine】～【Do】～【Share】（以下「FIDS」）であり、特別活動の「一連の活動」と共通する考え方である。

全ての学びは子供たち自身の願いから始まる。学校行事も同様で、子供たちに任せる部分を必ず作り、意思決定や合意形成ができる余地を用意することは必須である。

その中で子供たちは、自分たちの願いを話し合って形にすることで、ダイナミックな学校行事を作ることができたという経験をする。

子供たち自身が願いを持つことを【Feel】、自分たちの学校行事を成功させるためにどのような仕事が必要なのかを考えて話し合い、見通しを持つことを【Imagine】、役割分担しながら協働して活動する過程を【Do】、振り返って自分の頑張りや友達の活躍を認め合うのが【Share】であり、この一連の活動を繰り返すことで社会の形成者としての資質・能力が育っていくのである。

一連の活動「FIDS」で特に教師が関わるべきところは【Feel】である。先に、オリエンテーションの中で子供たちが「自分たちもやってみたい！」と渇望するような情報を示して子供たちの心を揺さぶることが大切であると述べたが、オリエンテー

ションでしっかりとFeelできた子供は、待ったなしでその場からすぐに動き出していく。

学校行事はカリキュラム・マネジメントが必須

　学校行事は常に時数との戦いがついてくる。教科の中で学ぶべきものが増えてきた分、特別活動が削減の対象になり、特に多くの時数を使う学校行事がその標的にされてきた。

　そこで効果的なのが、カリキュラム・マネジメントである。以下にカリキュラム・マネジメントをしながらFIDSを実践した例を示す。

〈総合的な学習の時間×文化的行事〉

【Feel】

　子供たちが総合的な学習の時間で調べた地球環境問題に対して、自分たちができることを各自が意思決定した。そのことを発信して「大人にも地球環境保持に対する具体的な行動を起こしてもらいたい」という願いを持った。

【Imagine】

　子供たちは「学芸会」で劇を作って、大人に自分たちの考えを伝えることに取り組むことにした。

【Do】

① 総合的な学習で学んだことを生かして、台本を子供たちが作った。書きたい子供があらすじを作って学級会で話し合ってどれにするかを選択。

② 場面ごとのグループを作り自分たちで練習。

③ 劇の中で地球環境問題についての、自分自身が意思決定したことを発信。

【Share】

　当日最高の演技をして、保護者・地域の方に自分のできることを考えてもらうことができた。八王子市の環境コンクールに応募したところ最優秀賞をいただき、多くの方の目に留まった。子供たちは大満足で社会の役に立てたことを喜んだ。

〈プログラミング×奉仕的行事〉

【Feel】

　自分たちのふるさと高尾山で毎年観光ガイドを行っている。そこでプログラミングで作ったロボットを使って「もっと楽しんでもらえるガイドをしたい」という願いを持った。

【Imagine】

① プログラミングの授業で、高尾山の生き物・歴史・登山コース・観光など、自分たちで伝えたいチームごとに説明やクイズを作り、ロボットに話をさせるプログラミングを組む。

② 実際にロボットでガイドをする子、ガイドを聞いてくれる人を誘ってくる子、ロボットを動かす子などと役割分担をする。

【Do】

① お互いに説明をし合って練習をする。

② 実際に高尾山へ行って、ロボットを使った観光ガイドを行う。

【Share】

　たくさんの方に楽しんでもらったり、ほめてもらったりしたことを喜び合う。役割をきちんと果たしたことを認め合う。高尾山で、小学生によるロ

ボットのガイドにより多くの登山客に喜んでもらうことができた。来年度の６年生にも頑張ってもらえるように伝える。

〈音楽×文化的行事×儀式的行事〉

【Feel】

「音楽会で自分たちの作った歌を歌いたい」、さらに「卒業式でも歌って思い出を作りたい」という願いを持った。

【Imagine】

① 使いたい言葉をみんなで考えて作詩をして、地域の歌手の方に作曲を依頼して作ってもらう。

② 音楽会や卒業式でも歌えるように計画する。

【Do】

① 歌手の方の指導を受けて練習する。

② 心を込めて音楽会で歌う。

③ 卒業式でも歌う。

【Share】

たくさんの方に聞いてもらって、自分たちの伝えたい思いが伝わった。

学校行事に必然性をつくる
～特別活動再考～

多くの学校の課題として「自校の児童は、みんな素直ないい子ですが、自分から行動するという主体性が弱い」ということが挙がっている。主体性を身に付けるには、主体性を発揮する経験が必須である。つまり、自己決定や自己選択、それに伴う自己責任などの意思決定に関わる十分な経験がなければ主体性は育たない。

例えば、２時間にも及ぶ卒業式に参加する５年生に、「儀式だからいい姿勢をしないとならない」「堂々と声を出して呼びかけをするように」「心を込めて歌うように」などと指示をしたところで、子供たちが主体的に姿勢や発声や歌などに力を注ぐはずがない。教師に言われたからといってそれが子供にとっての必然性になるはずもなく、苦痛の２時間になるだけである。

けれど、オリエンテーションの中で、大好きな６年生との最後の時間として卒業式を捉え、自分たちが６年生のために何をしてあげられるのかを子供たち自身が考え、「いい姿勢で式場の空気を緊張感のあるものにする」「心を込めて歌詞の意味を考えながら歌を歌う」などと意思決定したなら、２時間という長時間を「６年生のために頑張る」という必然性をもって耐えられるのである。

コロナ禍の中で学校行事の見直しが図られた。この機会に確実に取り入れてほしいことが、「子供のFeelが大切にされているか」「行事をする必然性を作り出せるか」ということである。自分の願いが叶う、皆でダイナミックな活動を作ることができる、そんな体験が保障されている学校行事こそニューノーマルな学校行事と言えよう。

Profile

しみず・ひろみ　八王子市立浅川小学校長、全国小学校学校行事研究会会長を務めたほか、特別活動の研究会を牽引し特別活動の啓発に努めた。幼稚園から大学まで、特別支援を含む全ての校種に関わり特別活動を指導した。現在、学校法人八王子学園なかよし幼稚園園長、創価大学教育学部非常勤講師。同時に一般社団法人Design For Your Life 理事として、特別活動の世界展開や特別活動を通した人材育成などの講演活動を行っている。主な著書は『特別活動でみんなと創る楽しい学校』（小学館、2017年）『小学校版 子供の心を伸ばす 特別活動のすべて』（小学館、2020年）。「特別活動指導資料」及び「特別活動映像資料」（国立教育政策研究所）の作成協力者。

GIGAスクール構想と
これからの学校行事の可能性

東京学芸大学教授

林　尚示

GIGAスクール構想と学校行事

　本論文では、GIGAスクール構想とこれからの学校行事の可能性について、文部科学省の資料、各自治体、各学校の事例などから考察を深める。特に、GIGAスクール構想の特徴を生かして、小学校から高等学校までの学校行事の5つの内容別に教育ICT環境の活用の方向性を検討する。なお、学校行事には、①儀式的行事、②文化的行事、③健康安全・体育的行事、④遠足・集団宿泊的行事（小学校）と旅行・集団宿泊的行事（中学校・高等学校）、⑤勤労生産・奉仕的行事の内容がある。

　データ駆動型社会である「Society 5.0」時代を生きる児童生徒にとって，教育においてもICTを基盤とした先端技術等の効果的な活用が期待され、GIGAスクール構想が始まった。なお、「Society 5.0」は日本の内閣府で提唱した未来社会の姿であるが、この「Society 5.0」については、海外からの関心も高い。筆者は2020年にインドネシアで開催された国際学会「The 2nd International Conference on Meaningful Education」の基調講演者（Keynote Speaker）としてオンラインで参加し、「Society 5.0 and Education in Japan」と題する講演をさせていただいた。インドネシアの会場からは、日本の特徴ある教育政策等について、予定時間を超えて様々なご質問を受け、関心の高さを実感した。

　さて、GIGAスクール構想とは、文部科学省の構想で、次の2つの目標を目指すものである。1つ目は、1人1台端末と、高速大容量の通信ネットワークを一体的に整備することで、特別な支援を必要とする子供を含め、多様な子供たちを誰一人取り残すことなく、公正に個別最適化され、資質・能力が一層確実に育成できる教育ICT環境を実現することである。2つ目は、これまでの我が国の教育実践と最先端ICTのベストミックスを図ることにより、教師・児童生徒の力を最大限に引き出すことである（文部科学省、2020a）。

　学校におけるICTを活用した学習場面については、一斉学習、個別学習、協働学習のそれぞれで、文部科学省による学習場面の例示がある（文部科学省、2014）。学校行事の一斉の活動では教師による教材の提示ができる。児童生徒の個別の活動では、調査活動、思考を深める活動、表現・製作、家庭での活動などで活用できる。児童生徒の協働の活動では、発表や話合い、協働での意見整理、協働制作、学校の壁を越えた活動で活用できる。

　これらのICT活用について、学校行事の内容に即

してさらに可能性を探ってみよう。

儀式的行事と文化的行事の可能性

　儀式的行事は、小学校から高等学校までの段階で実施される。この行事の活動には、入学式、卒業式、始業式、終業式、修了式、着任式、離任式、対面式、壮行式、立志式、創立（開校）記念式などがある。

　コロナ禍対応の儀式的行事として、例えば卒業式、入学式などで、「体育館には、卒業生もしくは新入生と保護者のみが参加、在校生は、教室でオンライン参加する」（滋賀県教育委員会、2022）という取組事例がある。また、卒業式などでは、児童生徒の在校中の活躍の様子をスライドショーで拡大提示するなどの教師による教材の提示もできる。

　文化的行事は、小学校から高等学校までの段階で実施される。発表会型では、文化祭（学芸会・学校祭）、学習発表会、作品発表会（展覧会）、音楽会（合唱祭）、読書感想発表会、高等学校の弁論大会、小学校のクラブ発表会などがある。鑑賞会型では、音楽鑑賞会、映画・演劇鑑賞会、伝統文化・芸能などの鑑賞会、講演会、美術館見学会などがある。

　「学習発表会ではスマートフォンとタブレットを駆使してプレゼンテーションする生徒も」（文部科学省、2020b）という文部科学省による紹介がある。このことから、1人1台端末は発表会型の文化的行事で、プレゼンテーションでの活用ができる。プレゼンテーションでは、1人1台端末を活用して協働での意見整理、協働制作、発表や話合いなどができる。

　高等学校の例では、他県の高等学校と連携してリモートリアルタイムバンド演奏をする文化祭の実施などもなされている。具体的には、近畿高等学校総合文化祭での滋賀県、三重県、大阪府の高等学校3校によるリモートリアルタイムバンド演奏がなされた（滋賀県教育委員会、2022）。この活動は、学校の壁を越えて協働した活動である。

健康安全・体育的行事と遠足・集団宿泊的行事、旅行・集団宿泊的行事の可能性

　健康安全・体育的行事は、小学校から高等学校までの段階で実施される。健康に関するものは健康診断、疾病予防、学校給食に関する食育活動などがある。安全に関するものは防犯活動、薬物乱用防止活動、交通安全指導、避難訓練・防災訓練などがある。体育に関するものは運動会（体育祭）、各種球技大会、競技大会などがある。

　「健康安全・体育的行事の演舞や文化的行事の合唱などで生徒自らが自身のパフォーマンスを振り返ったり、先の練習を見通したりするためにICTを活用している」（文部科学省、2020b）という文部科学省による紹介がある。振り返りに関しては、「学校行事を生徒の手で記念VTRに編集する活動も1人1台端末がもたらした成果と言えます」（文部科学省、2020c）という文部科学省による紹介もある。このことから、運動会（体育祭）の演舞など様々な活動を振り返る場面で1人1台端末を活用することができる。このように事後の振り返りで1人1台端末を活用することにより、協働での意見整理ができる。

　遠足・集団宿泊的行事は小学校の学校行事であり、旅行・集団宿泊的行事は中学校及び高等学校の学校行事である。この行事の活動には、遠足、旅行、校外学習、修学旅行、野外活動、集団宿泊活動などがある。

　ICTを活用した事例としては、修学旅行に代わる「オンラインによる海外交流」（滋賀県教育委員

会、2022）があり、修学旅行訪問予定先との交流が含まれ、新しい形での交流が報告されている。この活動も、学校の壁を越えて協働した活動である。

勤労生産・奉仕的行事の可能性

　勤労生産・奉仕的行事は、小学校から高等学校までの段階で実施される。この行事の活動には、飼育栽培活動、各種の生産活動、美化活動（校内、全校）、清掃活動（地域社会、公共施設等）、訪問・見学（上級学校、職場）、体験活動（保育・職場、介護、インターンシップ等）、交流活動（福祉施設、介護施設等）などがある。

　埼玉県の小学校の事例では、「全校クリーン大作戦」という行事で、班長がICT端末の学習管理ツールのコミュニケーション機能を活用して共有および配信をしたり、振り返りの資料としてICT端末で活動記録を残したりすることが紹介されている（埼玉県、2022）。訪問・見学（上級学校、職場）の際にも、1人1台端末を活用して端末の持ち帰りによる家庭での活動として、事前に調査活動や思考を深める活動を実施しておくこともできる。

これからの学校行事の可能性

　学習指導要領によると、学校行事は、次の目標の特徴を持って実施されている。1つ目は、全校若しくは学年またはそれらに準ずる集団で協力することである。2つ目は、よりよい学校生活を築くための体験的な活動を行うことである。3つ目は、集団への所属感や連帯感を深めることである。4つ目は公共の精神を養うことである（文部科学省、2018）。

　全校若しくは学年またはそれらに準ずる集団で協力することは、具体的には「事前の計画・準備・実践・事後の活動に分担して取り組んだり、活動をよりよくするための意見や考えを出し合って話し合ったり、課題や困難な状況を乗り越え、解決したりすること」（文部科学省、2018）である。体育的行事の演舞や文化的行事の合唱などで生徒自らが自身のパフォーマンスを振り返る活動や「全校クリーン大作戦」では、ICTを活用することにより、児童生徒が、活動をよりよくするための意見や考えを出し合って話合いがしやすくなる。

　よりよい学校生活を築くための体験的な活動を行うことは、具体的には「日常の学校生活に秩序と変化を与え、学校生活を更に充実、発展させるための実践を通して、地域や自然と関わったり、多様な文化や人と触れ合ったりすること」（文部科学省、2018）である。

　学習発表会ではスマートフォンとタブレットを駆使してプレゼンテーションを行うことで伝達できる内容の質や量が大幅に向上するため、それぞれの児童生徒の学校生活に変化がもたらされ、学校生活がさらに充実したものになる。また、修学旅行に代わる「オンラインによる海外交流」では、インターネット環境を活用してではあるが、修学旅行訪問予定先の多様な文化や人と触れ合えている。

　集団への所属感や連帯感を深めることは、具体的には「全校や学年などの大きな集団の構成者であることを自覚し、集団における人と人との触れ合いやつながりを深めていくこと」（文部科学省、2018）である。卒業式や入学式の在校生オンライン参加の事例は、コロナ禍でもそれぞれが学校の構成者であることを自覚できる機会を提供している。また、卒業式などの儀式的行事で児童生徒の在校中の活躍の様子をスライドショーで紹介するなどによって、人と人との触れ合いやつながりを再認識できる。学校行事を生徒の手で記念VTRに編集する活動も同様

に、集団への所属感や連帯感を深める効果が期待できる。

　公共の精神を養うことは、具体的には「個人の尊厳が重んじられるとともに、他者を重んじる態度を養い、主体的にその形成に参画すること」（文部科学省、2018）である。滋賀県、三重県、大阪府の高等学校3校によるリモートリアルタイムバンド演奏では、学校間を越えて主体的にその活動の形成に参画することが実現している。

　このように見てみると、コロナ禍の様々な条件の制約がある中でも、GIGAスクール構想によって、十分に学校行事の成果をみとれることがわかる。さらには、ICT活用によって、他校連携や海外交流といった新たな活動の可能性も示された。特定の活動についてのみ事例紹介をしたが、5つの学校行事に含まれるそれぞれの活動について、一斉の活動では教師による教材の提示を模索し、児童生徒の個別の活動では、調査活動、思考を深める活動、表現・製作、家庭での活動での1人1台端末の活用を模索し、児童生徒の協働の活動では、発表や話合い、協働での意見整理、協働制作、学校の壁を越えた活動での1人1台端末の活用の可能性がある。

[参考文献]
- 林尚示編著『特別活動 改訂版 総合的な学習（探究）の時間とともに』学文社、2019年
- 文部科学省（2020a）.「GIGAスクール構想の実現へ」（リーフレット）、Retrieved from https://www.mext.go.jp/content/20200625-mxt_syoto01-000003278_1.pdf（2022年7月22日）
- 文部科学省（2020b）.「特別活動の指導におけるICTの活用について」、Retrieved from https://www.mext.go.jp/content/20201028-mxt_jogai01-000010146_013.pdf（2022年7月22日）
- 文部科学省（2020c）.「特別活動の指導におけるICTの活用について」、YouTube|文部科学省/mext channel. Retrieved from https://www.youtube.com/watch?v=RCGVsUCGCrc（2022年7月22日）
- 文部科学省（2018）.「高等学校学習指導要領（平成30年告示）解説　特別活動編」、Retrieved from https://www.mext.go.jp/content/1407196_22_1_1_2.pdf（2022年8月2日）
- 文部科学省（2014）. 学校におけるICTを活用した学習場面「学びのイノベーション事業」実践研究報告書（平成26年）より、Retrieved from https://www.mext.go.jp/content/1407394_6_1.pdf（2022年8月2日）
- 埼玉県（2022）. 事例6 学校行事「（5）勤労生産・奉仕的行事」の事例. Retrieved from https://www.pref.saitama.lg.jp/documents/213313/r4syougakkoutokkatujirei6.pdf（2022年8月2日）.
- 滋賀県教育委員会事務局教育総務課、高校教育課、幼小中教育課、特別支援課（2022）. 学校教育におけるコロナ禍への対応の成果と課題. Retrieved from https://www.pref.shiga.lg.jp/file/attachment/5322274.pdf（2022年8月2日）

Profile

はやし・まさみ　栃木県下野市出身。博士（教育学）。筑波大学大学院教育学研究科博士課程単位取得退学、論文提出による博士号取得（日本大学）。専門は特別活動論・生徒指導論。特別活動・総合的な学習の時間の指導法、生徒指導・進路指導の理論と方法、教育方法学、カリキュラム研究などを進めてきた。本務校では小学校教員を目指す学生の指導、教職大学院の学生の指導、博士課程の学生の指導と講義を行っている。編著に『特別活動 改訂版 総合的な学習（探究）の時間とともに―』（学文社）、共編著に『生徒指導・進路指導―理論と方法―第二版』（学文社）など。

SDGsからみる
新たな学校行事の構想

東京女子体育大学教授
青木由美子

SDGsの趣旨を学校行事にどう生かせるか

　2015年に国連で採択され、国際社会は一致団結して、2030年を目指してこの目標を達成しようと合意したのが、持続可能な開発目標（SDGs）である。貧困や飢餓、健康と福祉、教育など、SDGsが掲げている17の目標は、生徒自身にとって身近な課題だったり、情報としての国内外の課題だったりしている。これらのことを決して他人事ではなく、今の自分にできること、今の自分が何をしなければならないかなどと、自分事として捉え考えてほしいと思う。これからの社会を担っていくことになる生徒が、社会の一員として、世界の様々な分野の課題を知り、今後の自分の生活につなげていこうとする態度を育成することが、SDGsの趣旨を踏まえた学校教育の使命であると考える。

　今、学校ではカリキュラム・マネジメントの視点に立って、組織的かつ計画的に学校の教育活動の質の向上を図っていくことが求められている。SDGsは、様々な教科において学んでいくことができる。例えば、衣食住の内容を取り扱う技術・家庭科の家庭分野では、生活や社会の中から問題を見いだして課題を設定し、解決策を追究する活動等が考えられ

る。また、心身の健康についての指導を行う保健体育科の保健分野では、性の多様性や、社会生活と健康などをテーマに、身近な課題として取り上げることもできる。また、探究課題の解決を通して資質・能力を目指す総合的な学習の時間では、SDGsのそれぞれの目標について、生徒一人一人が探究課題を設定し、深く課題に迫ることができる。

　学校行事は、教育課程上では、領域としての特別活動に位置付けられている。学校行事の目標は、「全校又は学年の生徒で協力し、よりよい学校生活を築くための体験的な活動を通して、集団への所属感や連帯感を深め、公共の精神を養いながら、第1の目標に掲げる資質・能力を育成することを目指す」（中学校学習指導要領解説特別活動編による）とされている。また、学校行事には、学習発表会などの「文化的行事」や、修学旅行や移動教室などの「旅行・集団宿泊的行事」、職場の訪問・見学や学校内外のボランティア活動などの「勤労生産・奉仕的行事」などがある。

　これらのことから、学校行事において、直接的にSDGsをテーマに設定して、学校行事のねらいと照らして目標に迫る活動に取り組むことが考えられる。その際には、総合的な学習の時間と十分に関連させながら、生徒の探究活動として取り組むことが必要である。また、前述の通り、教育課程の各教科

等において取り組んだSDGsに関する学習の成果について、教科等横断的な発表の場として学校行事を設定することも考えられる。

次は、そうした事例についてどのように取り組んでいけるか探ることとする。

SDGsをテーマに設定した学校行事の取組について

（1）旅行・集団宿泊的行事での実践の工夫

旅行・集団宿泊的行事のねらいは、「校外の豊かな自然や文化に触れる経験を通して、学校における学習活動を充実発展させる。（中略）さらに、集団生活を通して、基本的な生活習慣や公衆道徳などについての体験を積み、集団生活の在り方について考え、実践し、互いを思いやり、共に協力し合ったりするなどのよりよい人間関係を形成しようとする態度を育てる」（中学校学習指導要領解説特別活動編による）とされている。こうしたねらいを達成するための活動として、例えば、SDGsの目標14や目標15などを修学旅行や移動教室のねらいと関連させ、旅行先を漁村や農村などに設定し、漁業や漁村地域、農業や農村地域について学び、解決策を自分なりに考えることで、SDGsとしての学びにつながると考えられる。これまでも、林間学校や修学旅行での農業・林業・漁業・酪農体験などを行ってきた経緯はある。さらに今後は、SDGsの目標を生徒一人一人が意識しながら、総合的な学習の時間での探究活動を事前学習に取り入れることを通してその課題に迫るとともに、実際の体験を通して、持続可能な社会への見聞を広めていくことを目指していくことが期待できる。その際の留意点としては、生徒にとってより多くの成果が得られるように、この学校行事の目的について、旅行先、特に宿泊先へ十分な理解を促して、協力体制を構築することが重要である。

（2）勤労生産・奉仕的行事での実践の工夫

勤労生産・奉仕的行事のねらいは、「学校内外の生活の中で、勤労生産やボランティア精神を養う体験的な活動を経験することによって、勤労の価値や必要性を体得できるようにするとともに、自らを豊かにし、進んで他に奉仕しようとする態度を育てる」（中学校学習指導要領解説特別活動編による）とされている。中学校では、多くの学校が「職場体験活動」に取り組んでいる。ここ数年は、新型コロナウイルス感染症拡大の影響を受けて、直接的に事業所に出向いて体験活動を行うことができにくくなっているが、職場体験活動は、働く意義や役割を理解することのできる貴重な機会であるから、早く従来の活動ができるように願いたいところである。現代社会においては、一般企業や各事業所では、その多くがSDGsに取り組んでいる。そのことを利用し、例えば、SDGsに取り組んでいる企業や事業所に焦点を当てて、職場体験活動の体験先を選定していくことが考えられる。そうすることによって、実際に企業や事業所など、社会の中で取り組んでいるSDGsに直接的に触れることができる。また、それに生徒自身が関わることによって、より自分事としてSDGsの問題について考えを深めることができる。

また、企業や事業所を訪問・見学する「職場訪問・職場見学」の活動も考えられるが、その際、職場体験活動と同様に、SDGsに取り組んでいる企業や事業所を訪問先に設定し、本来の目的であるその職種や職務内容を聞き取ったり見学したりすると同時に、その企業や事業所がどのようにSDGsに取り組んでいるかインタビューする取組が考えられる。

これらについては、SDGsに取り組んでいる企業や事業所を体験先や訪問先として設定する際に、多くの労力や時間が必要になると考えられるが、企業にとっても、目的をもった生徒を受け入れることで、より一層のSDGsへの取組につながることも期待でき、社会的な意義もあると考える。

（3）文化的行事での実践の工夫

　文化的行事のねらいは、「生徒が学校生活を楽しく豊かなものにするため、互いに努力を認めながら協力して、美しいもの、よりよいものをつくり出し、互いに発表し合うことにより、自他のよさを見付け合う喜びを感得するとともに、自己の成長を振り返り、自己のよさを伸ばそうとする意欲をもつことができるようにする（後略）」（中学校学習指導要領解説特別活動編による）とされている。多くの学校で、生徒が各教科等における日頃の学習や活動の成果を総合的に発展させ、発表し合い、互いに鑑賞する学校行事として、「学習発表会」を行っている。そこで、SDGsを中心のテーマとして設定した学校行事として、学習発表会を実施し、舞台発表や教室展示等を行って、日頃のSDGsについての学習の成果の発表の機会とすることが考えられる。その際には、学校の教育課程を編成するにあたって、カリキュラム・マネジメントの視点にたって、教科等横断的にSDGsについて学んでいけるような年間指導計画を教科等ごとに作成する必要がある。ここでは、日常の学習活動で、どのようにSDGsに関連させた活動ができるか触れてみたい。例えば、美術科では「プラスチックごみを活用したアートづくり」、技術・家庭科の家庭分野では、消費生活でポリ袋を削減するための「エコバックづくり」、技術分野では、エネルギーと生活や社会、環境とのかかわりをテーマにした探究的な学習、理科では、自然環境の保全と科学技術の利用に関わるテーマで生徒が課題を設定しポスターなどにまとめる活動などが考えられる。保健体育科では、栄養に関すること、健康と福祉に関すること、性の多様性に関することなどの学習を通して、生徒が自ら調べたり考察したりする活動が考えられる。さらに、総合的な学習の時間では、教科で取り組んでいないSDGsの目標について各自が課題を設定し、内容や意義などを調べ、自分にできることは何かを探っていく。

　こうして、各教科や総合的な学習の時間などで、年間を通じて積み上げてきた学習を、学習発表会などの学校行事において、互いの学習成果を発表し合い、互いの情報を共有し合うことで、SDGsの趣旨を生かしながら、文化的行事のねらいに迫ることができる。

　学習発表会までのプロセスとしては、各教科や総合的な学習の時間では、年間指導計画に従って、適切な時期にSDGsに関連する内容の学習を取り入れて、学習の成果を、ポートフォリオなどを活用して蓄積しておく。学習した成果の発表については、一人一人の学習の成果を、教科ごとに教室や廊下に展示する方法もある。また、各学級でポスターセッションなどを行い、学級の代表発表を選び、さらに学年集会で学年の代表発表を選ぶ。その結果として、学習発表会当日に、舞台で代表発表を行うという方法もある。学級や学年の枠を越えて、教科等の枠を越えて、同じテーマで探究してきた生徒たちの学習の成果が、学習発表会という学校行事に結集することは、生徒一人一人にとっても学校にとっても大きな財産になることだろう。

「誰一人取り残さない」という観点からみる学校行事の実施上の工夫について

　「誰一人取り残さない」は「誰一人取り残されない」とも言われている。自分が取り残される可能性も考えられるからだ。だからこそ、自分事としてSDGsを捉えて、今できることを考えていかなければならない。そのためには、これまで述べてきたような学校行事を実施するにあたって、一人一人が自分の興味・関心に沿った課題を設定して、その興味・関心を持続させ、その課題について探究し、課題解決のための策を自分なりに考えることが大切である。そのためには、学校が組織として取り組んでいかなければならない。生徒の教科等ごとの教育活動の内容や方

法が重なったり、単調になったりしないように、教員が縦に横に連携し、調整していく必要がある。また、保護者や地域の協力も必須である。生徒一人一人が、SDGsの学習を通して、自分や自分の身の回り、国内外の現状に目を向けて、今の自分が、そして将来の自分が、何をすべきかについて、真剣に考える機会となってほしい。それが、「誰一人取り残さない」「誰一人取り残されない」につながると考える。

また、現実的な問題として、生徒自身が貧困やジェンダーや福祉などの課題に直面している場合もある。しかし、親世代がSDGsについて学習する機会が十分ではなかったという現状を踏まえると、こうした課題に直面している生徒を救うためには、親世代に伝えることも重要なことである。学校として、学校行事という公開授業を通して、保護者や地域への啓発ともなることも期待したい。

社会的・教育的要請に応じた これからの学校行事の在り方

（1）コロナ禍における学校行事の現状と課題

令和２年２月28日付けで、文部科学省から通知文が出され、国内で前代未聞の、小学校、中学校、高等学校、特別支援学校にける全国一斉の臨時休業を国が要請するという事態となった。とりわけ、卒業式や入学式など、学校運営の基盤ともいえる儀式的な学校行事が実施できるかどうか、また実施するためにどのような対策を講じるかは、大きな課題の一つであった。急遽、校庭での「青空入学式」を実施したこともまだ記憶に新しい。これまでの２年間で、多くの学校行事が中止を余儀なくされた。生徒にとっては、一生の思い出となる教育活動の一つ一つが中止になったことの弊害は大きい。学校行事の教育的意義が大きいからだ。しかし、弊害はそれだけではない。

それは、学校文化の継承である。例えば卒業式で

は、本来であれば在校生が式に参列したり、式の準備に関わったりする。卒業生の儀式に向かう態度や在校生へのメッセージには、自分たちが引き継いできた学校のよき伝統を引き継いで、「よりよい学校づくり」を後世に伝えていく思いが込められている。そのことが、異年齢集団活動のよさであり、学校文化の継承につながっていた。コロナ禍の２年目からはオンライン環境も整ったために、在校生は教室で参列するようになった。しかし、対面でだからこそ伝わる臨場感がある。また、生徒のみならず、教職員にとっても同様で、毎年継続的に実施されてきた教育活動については、その都度、評価・改善を繰り返しながら、次年度につなげてきた。それは、実施要項として継承するものもあれば、実体験を通して暗黙知として継承するものもあり、有形無形の継承の軌跡があった。学校の伝統文化や地域との関係など、教員の経験が途絶えたり異動したりすることにより、教育活動の取組方法などの継承が円滑にできるかどうかが課題である。

（2）今後の学校行事の在り方

この２年余りの間に、学校のオンライン環境が一気に整ったことが教育現場での一番の変化であり成果でもある。これにより、これまでできなかったことができるようになった。各教科の授業や総合的な学習の時間、特別活動などにおける話合い活動や調べ学習や学習発表には、各自が使用するタブレット端末を有効に活用している。遠隔地との通信によって、様々な人との交流も可能となった。こうしたことから、今後の学校行事は、ICT等を十分に活用しながら、その内容や方法を工夫していくことが大切であろう。

Profile

あおき・ゆみこ　令和４年３月、公立中学校校長を定年退職。現職は、東京女子体育大学・同短期大学教授。日本特別活動学会常任理事。前全日本中学校特別活動研究会会長。元東京都中学校特別活動研究会会長。

生徒たちによる新たな運動会種目づくり

東京都八丈島八丈町立富士中学校

■ WithコロナからAfterコロナを創造する ピンチをチャンスに変える学校づくり

　令和2年度当初、緊急事態宣言が発令された。5月まで休校となり、学校が再開されたとしても様々な制限がかかることが予想されたが、校長のリーダーシップのもとコロナ禍だから全て「できない」ではなく、コロナ禍でもアイディアを出し、生徒の活動を保障する「WithコロナからAfterコロナを創造する、ピンチをチャンスに変える学校づくり」を目指した。また、研修会で取り組んだ学校グランドデザイン作成のワークショップ（**写真1**）で「主体性」のキーワードが出たことから、「主体性の育成」に主眼においた教育活動を学校行事や生徒会活動で行っていくことにした。

■ 運動会新種目考案について ～主体性の育成を目指して～

　体育行事委員会（教員）でコロナ禍における運動会の実施方法について種目をカットした短縮運動会の可能性も含めた議論をした。しかし、令和2年度は主体性の育成に主眼を置いた教育活動（**資料1**）を行い、委員会活動や運動会などの行事で生徒の考えを生かした取組を行うことを研修会で確認してい

写真1　ワークショップ成果物

資料1　生活指導便り抜粋　「主体性の育成」について記載

た。また、職員室での運動会の話題で、「生徒と距離が近い若手なら生徒から新しいアイディアがもらえる」「夏の部活動大会がなくなってしまった３年生に活躍の場を与えたい」などの声があり、新種目考案への気運があったので、ソーシャルディスタンスを保った新種目を考案することを職員会議で決定することができた。運動会実行委員担当教員は各学年教員１名と体育科の４名構成とし、新種目考案担当も担うこととなった。新種目考案方法として「新種目アンケートを全校生徒から取り、運動会実行委員会（生徒）で集約し、種目にまで練り上げていく」というものを担当教員で考えた。富士中学校の運動会は学年縦割りの紅白戦であり、運動会実行委員会は各学年男女紅白で１名ずつ選出した12名構成とした。

（1）新種目考案アンケートと運動会実行委員選出

　６月の学校朝礼にて新種目を考えていくことを運動会実行委員担当教員より生徒へ伝えた。その後、各学級でアンケートを配り、新種目の趣旨を説明した。アンケートは生徒全員で新種目を考えていくため、全員提出とした。新種目を考えていく趣旨説明では、「ソーシャルディスタンスを保つため黒潮渡り、大縄跳びはできません。種目カットで短縮運動会では面白くない。コロナ対策をした新種目を皆で考えて作っていきたい」といったものであった。あわせて、新種目は実行委員会で検討し決定することも伝えた。 生徒には新種目を考える条件を四つ示した（**資料２**）。

　初めての試みであったため、どんな案が出てくるか憂慮もしたが、回収したアンケートを見てみると、生徒がよく考えたことがわかりアイディアを募ったことは正解だったと思えた。アンケートの回答には種目を独自に考えた案やインターネットで検索して調べた案、コロナに関する用語（ソーシャルディスタンス、３密など）を取り入れるなど様々な

①人と人との間が１～２m空いていること（密にならないこと）
②勝ち負けがはっきりすること（競技性があること）
③道具が必要な競技の場合は、使用する道具が学校にありそうなこと（高価なものは使用できません）
④１チーム20名程度を想定すること
（20名を小グループに分けてもよい。例えば４人１組とし、計５組に分けるなど）

資料２　新種目考案の条件はアンケートに記載

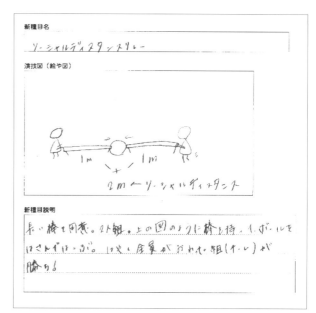

資料３　新種目アンケートの一部

ものがあった（**資料３**）。

　運動会実行委員会選出では生徒の前向きな姿勢を見ることができた。今まで体育行事では前に出てこなかった生徒が運動会実行委員に立候補したり、立候補した生徒が複数いて選挙をした学級があったりした。本校は島嶼の小規模校なので幼少期からの人間関係で学級の役割が固定化する傾向があり、自らの意志で手を挙げる生徒が少ないことが課題であるので、前向きな姿勢を見取ることができて良かった。

（2）運動会実行委員会の新種目考案の流れ

　運動会実行委員担当教員で集めたアンケートから

アイディアが重なっているものや実現不可能であるものなどを除いて16枚に絞り、名前の部分を切り取り誰が考案したかわからなくした。これを7月の第1回運動会実行委員会で実行委員に見せ、翌日に新種目検討会をするのでアイディアを考えておくように伝えた。新種目検討会は「新種目決定の流れ（新種目企画書）」（**資料4**）をもとに進めた（**写真2**）。16枚のアンケートから紅白ごとにいくつか種目案を選び、再度、その中から種目を一つに絞り込み、元案をもとに紅白ごとに練り上げを行った。「アイディアだからどんどん言って。後でキュッとまとめれば大丈夫」「アンケートのアイディアとアイディアを合体させよう」など話し合いを深める声かけがあった。その後、新種目の演技図を作成、新種目の試行の過

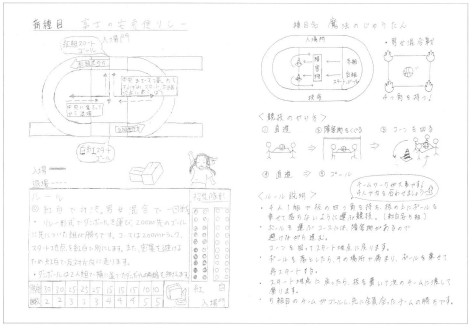

資料5　運動会実行委員便り　新種目演技図

程（**写真3**）を経て、運動会実行員会で最終決定することができた。新種目の決定までの進捗報告は企画会議や職員会議などで随時行い、教職員からの了解は得ていった。生徒への新種目の発表は7月下旬の紅白会議（運動会説明会）にて全校生徒へ伝え、運動会実行委員便り（**資料5**）で演技図や詳しいルールなどを周知した。その後も9月中旬実施の運動会に向けて準備をしていった。

運動会実行委員会　7月10日

新種目決定の流れ（新種目企画書）

1．各組で1つの基となる競技を選ぶ（全員が楽しめるもの）約5分
2．その競技を新競技にするために決めてほしいこと　　約15分
①どのようにソーシャルディスタンスを保つのか。
②競技性　競技としての面白いところ、工夫点、観客が見ていて楽しめる点
③競技の細かいルール（ポジティブな言い方で）
　　競技時間（試合回数など）
　　競技人数（小グループなのか、増えていくのか、一人なのか）
　　道具（どんなものか、大きさ、素材、重さ、形）
　　ルール（〜ねばならない　例）ジャージの下は必ず着用する）
3．各組のプレゼン約3分＋質疑応答（アドバイスや疑問を投げかけよう）
　　企画書の提出（各組1枚）　　　ヒント：●●の場合はどうしますか？
4．次回予告
　　7月13日（月）放課後　競技として練り上げ作業②

運動会実行委員会 新種目決定までの流れ(記録)

7月10日（金）実行委員会で新種目検討会
7月13日（月）実行委員会で新種目演技図作成
7月15日（水）実行委員で新種目が実現可能か試行。
7月16日（木）第2回実行委員会で最終確認。
7月20日（月）紅白会議で全校生徒に発表
7月27日（月）生徒作製の運動会実行委員便りで新種目の説明

資料4　新種目決定の流れ

写真2　新種目検討会の様子

写真3　新種目試行の様子1

写真3　新種目試行の様子2

写真4　新種目「魔法のじゅうたん」

写真5　新種目「富士の宅急便」

（3）運動会当日

　種目開始の前に運動会実行委員会より新種目考案の流れと種目の見どころを説明した。新種目「魔法のじゅうたん」（**写真4**）では高跳びのバー、三角コーンと障害物を置いた。板の上に乗せたボールのバランスを取るために4人で息を合わせるのがコツである。

　もう一つの新種目「富士の宅急便」（**写真5**）は段ボールを両方から押さえてリレー形式でつないでいく種目である。

　段ボールと押さえる力と前に進む力、両方に気を配らなければならない。生徒は身長差を考慮したり持ち方を工夫したりして様々な作戦を立てて種目に挑む姿が見られた。

　新種目考案を作り上げた経験は学校に有益であった。生徒主体の学校を創っていくためにも今後も生徒の声に耳を傾ける学校でありたい。

（主幹教諭　田後要輔）

ICTを活用した職場体験学習
「14歳のパワーアッププログラム」の実践と学び

東京都世田谷区立尾山台中学校

 GIGAスクール構想と学校

　令和３年度は、職場体験活動が新型コロナウイルス感染状況に伴う緊急事態宣言及びまん延防止措置等の発令により中止となり、生徒にとって「働く」ことの意味を見出し、望ましい勤労観や職業観が得られる貴重な機会を失うことになった。

　一方、学校では前述の感染症の拡大を受けてGIGAスクール構想が前倒しされたことにより、「大容量・高速通信」という情報通信環境が整備されるとともに、一人一台情報端末（タブレット等）の配備により、「ICTを活用した学習」の恩恵を、学校、家庭が実感することになった。ICTの効果的な活用について、学校では「とりあえずやってみよう！」を合言葉として試行錯誤や修正を繰り返しながら取り組んでいる。これらの取組過程が教師の教え方、生徒の学び方の転換、校長の学校経営の視点や考え方の転換などを生む原動力となっている。

 ICTを活用した学校行事の取組

（１）合唱コンクール×ICT

　合唱コンクールにおけるICTの活用事例を紹介する。「曲決め」の場面では、クラウド型授業支援アプリのアンケート機能を使用して希望曲を集計する。選択肢に音源を付与することもできるので、生徒は音源を自分のタイミングで聴きながら選択することができる。集計がリアルタイムで行われ、グラフに出力される。「練習」の場面では、クラウド型授業支援アプリのシンキングツールを使って、練習の進め方などについて学級で考える。生徒の意見を共有し、学級でまとめる。共有ノートの機能を用いて生徒全員が共同編集を行うことができる。クラウド型授業支援アプリを使って合唱の音源を生徒に配布する。生徒は学校だけでなく家庭でも聴くことができるようになる。パートごとの音源を配布すれば、CDデッキを持ち歩いたり、電源を探したりする必要がなく、タブレットがあればどこでも練習ができる。合唱の場面を録画・再生し、自分たちの合唱時の態度を見たり、合唱を聞いたりすることにより課題を共有することができる。その他、「指揮者の練習に録画はとても有効」「記録をすることにより、成長を実感でき

る」が挙げられる。本番では、オンライン配信アプリで本番の様子をライブ配信することにより、参加が困難な保護者も家庭で視聴することができる。

（2）職場体験学習×ICT

　本校区は、世田谷区南東部に位置し、本校の周囲には等々力渓谷や尾山台商店街、大学があり、本校の教育活動と密接な関係をもっている。特に、生徒の身近な生活の場である尾山台商店街での「2学年職場体験学習」が中止となったことにより、急遽、当該学年の

教員たちは代替案を模索しなければならなくなった。当時の2学年主任が「直接の実体験は叶わなくてもICTを活用して疑似体験ができないだろうか」と考え、本校に勤務していたスクールサポートスタッフ（大手広告代理店出身）の方に相談をしたことが、「14歳のパワーアッププログラム～キャリアデザインへの第一歩～」始動のきっかけとなったのである。以下、「14歳のパワーアッププログラム」の全体の流れを紹介するとともに、ICTを活用した職場体験学習の取組について詳しく述べたい。

①日程　令和3年9月27日（月）～ 29日（火）
　　　　（本来の職場体験の日程）
②プログラム
ア　校長の講話
イ　職業レディネステスト
ウ　履歴書づくり・集団面接
　職種を三つ程度提示し、その中から自分で選び履歴書を作成する。そして、その履歴書を基に面接を行う。履歴書の作成・面接を通して、履歴書の書き方、自己分析、面接の心構え、緊張感があ

る中で面接を体験させる。
エ　14歳のファーストプロジェクト※詳細は後述
オ　ライフサイクルゲーム～生涯設計のススメ～
　講師　大手生命保険会社社員
　生命保険会社の社員を招聘して、人生の様々なリスクと必要な心構え、消費者として知っておくべき消費者契約等に関わる知識を学べるゲームを行う。
カ　職場体験学習のDVD視聴
キ　広告中学校
　講師　大手広告代理店の社員
　広告中学校は、子どもたちにとって身近なCMを活用して「コミュニケーション力」、すなわち「伝え合う力」の育成を目指す、大手広告代理店の社会貢献部と大学が開発したカリキュラムである。そのカリキュラムのうち、第1ユニット 入門CMを実施する。
ク　ICTを活用した職場体験学習
※詳細は後述

■╋ 「14歳のファーストプロジェクト」
    の取組

　ICTを活用した職場体験学習ともに、本校が地域の一般社団法人「おやまちプロジェクト」と連携して実施した取組が、「14歳のファーストプロジェクト」である。この取組は、地域がクライアントとなって実現したいことや困っていることを生徒に投げかけ、生徒が課題解決の企画を立案し、プレゼンしていくものである。

■╋ ICTを活用した
    職場体験学習の取組

（1）授業の概要

　一般社団法人「全国道の駅連絡会」事務局の協力を得て実施した。講師として、一般社団法人全国道の駅連絡会事務局次長、道の駅とみうら枇杷倶楽部駅長をお迎え（オンライン）し、今、進化している「道の駅」の運営会社社員として仕事を疑似体験することで働くことの意義について学ぶものである。当日は、全国道の駅連絡会事務局次長に道の駅について説明していただき、その後にオンラインで道の駅とみうら枇杷倶楽部とつなぎ、駅長から生徒たちに課題を提示してもらった。その課題を中学生の視点から考え、グループごとにアイデアをまとめた。「道の駅」の選定については、全国道の駅グランプリで最優秀賞を受賞（2000年）したことがあり、生徒や保護者にとってイメージしやすい房総エリアにある、道の駅とみうら 枇杷倶楽部とした。道の駅を題材にすることにより、地域経済や地理、国の政策について学ぶこともできた。

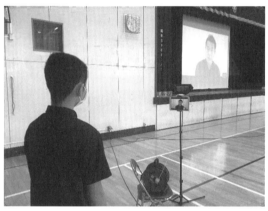

「とみうら」はどんなところ？

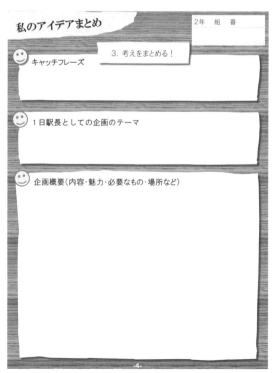

駅長からの課題

（2）当日の流れ

項目	内容等
オリエンテーション	
「道の駅」とは？	講師：「全国道の駅連絡会」事務局次長 地域経済や地理、国の政策を含めた内容、質疑応答（45分）
「とみうら」はどんなところ？ ※千葉県南房総市にある「道の駅とみうら枇杷倶楽部」と学校をオンラインでつなぎ、駅長が**ライブ**で店内を紹介し、仕事について説明する。	講師：道の駅とみうら枇杷倶楽部駅長 ①駅長の紹介（5分） ②取材映像での紹介（10分） ③駅長からのお話（10分） ④質疑応答（15分）
「とみうら」からの課題の提示 個人ワークとグループワーク	駅長から中学生に向けた課題の提示（5分）**※ライブ出演** 提案：この『枇杷倶楽部』を拠点として千葉県南房総エリアを巡る『日帰りツアー』を企画してほしい。その際、南房総の観光地域づくりの支援になるような視点も考慮。ネーミング、ツアーの概要・特徴・魅力など。
	個人ワークを経て、各グループ一つの企画案に仕上げる（互いの案をブラッシュアップしたり、複数人のミックス案を出したりしてもOK）。
クラス内発表	クラス内グループ発表 駅長にはクラス発表資料を後日送付する。
まとめ（講評）	「全国道の駅連絡会」事務局次長より、まとめと講評。

（3）3日間のプログラムを終えた生徒の感想

○仕事をしている人の苦労などが学べたし、自分たちで一から何かを創り出すことはとても大変だけれど楽しかった。

○今回の3日間を終えて、言われたことを自分の中で整理して言葉や行動に出すという事の大切さと難しさ、大変さを知ることができました。これから、たくさんの視点から物事を見て、自分なりの意見を出していきたいです。

○世界から「道の駅」に人が来てくれるような場所になるために、様々な努力をしているのだと思った。

（4）教員の感想より

　実地の職場体験活動は中止になってしまったが、おやまちプロジェクトの支援を受けて実施した社会参画型学習、道の駅とのICTを活用した職場体験学習により、生徒たちは「働く」ことで地域社会に貢献することの意味や社会参画の大切さを実感したようであった。

（校長　福山隆彦）

クラス内グループ発表の様子

「児童一人一人が主役」を目指した 行事のリニューアル
「弐分方フェスティバル」を通して見えてきたニューノーマルの形

東京都八王子市立弐分方小学校

東京都八王子市立弐分方小学校（小川賀世子校長）では、令和元年度まで全学年の児童が舞台発表を行う「学習発表会」と、全学年の児童が作品の展示を行う「展覧会」を隔年で実施してきた。どちらも保護者からも好評であったが、課題も数多くあった。その課題を解決し、児童一人一人が主役となれる行事を目指し行事のリニューアルに取り組んだ同校の取組を紹介する。

■ 「弐分方フェスティバル」の誕生

弐分方小の学習発表会と展覧会で課題だったのが、教員の負担の大きさだ。学習発表会と展覧会を隔年で行っているため、計画の作成等の際に2年前のことを思い出す必要がある。忘れてしまっていることも多く、前回の反省を生かしにくいため、見通しをもってスムーズに実施することが難しい状況だった。また、学習発表会では担任や音楽専科、展覧会では図工専科と、一部の教員に負担が集中してしまうことも課題として挙げられていた。

学校行事を通して、目標達成のために見通しをもって努力をする力や、自分でやり通したという実感を自信につなげる経験などを得てほしいと、小川

校長は考えている。2つの行事を隔年で行う形は、具体的な翌年の自分の姿が想像しにくく、児童が見通しを持ちづらい面があった。さらに、保護者からは「自分の子供が最終学年の時は展覧会ではなく学習発表会が見たい」の声も多かった。

課題を解決し、保護者からの声にも応えるべく、校長から実施方法の見直しを提案した。それは、「1・3・5年の児童は図工と家庭科の作品を展示し、2・4・6年の児童は舞台発表を行う」というように、学年ごとにやることを固定して毎年同じ形で実施することにする。この形であれば、教員の負担を軽減でき、児童も「来年自分はあれをやるんだな」と見通しをもちやすくなる。さらに、6年生の保護者の声にも毎年応えることができるというものだった。

職員会議で提案をした際は、今まで実施してきた行事の形を変えることへの抵抗から、マイナスな反応が多かったが、校長が現状の課題と新しい方法のメリットを丁寧に説明し、行事の改善に取り組むこととなった。発表内容や方法については、あまり細かく決めずにその年の児童の実態に合わせて計画していくこと、見栄えや出来栄えよりも児童の取り組む姿勢や行事への関わり方を大切にすることなども決まった。さらに、名称もこれまでとの違いを明確にするために「弐分方フェスティバル」と改め、令和2年度からの実施を目標に準備を開始した。

■ 主役は児童

　弐分方フェスティバルの実施において、いちばん大切にしたのは、児童主体を基本として、児童が行事を通して以下のような力を付けられるようにすることだった。

○自分ができることを考え、実行することを通し、生活環境をよりよくすることができる力

○自己の成長を振り返り、自分のよさをしり、伸ばそうとすることができる力

○友達の良さを見つけ、伝えあい、互いの良さを引き出すことができる力

　このような力を身に付けさせるため、行事に一体感をもたせる工夫、主体性をもたせる工夫を実施方法に落とし込んでいった。

（1）行事に一体感をもたせる工夫

　「友達の良さを見つけ、伝えあい、互いの良さを引き出すことができる力」を身に付けさせるためには、異学年交流や「たてわり班活動」を活用し、行事に一体感をもたせる工夫が有効だった。学年ごとにやることが分かれている弐分方フェスティバルでは、全学年で同じことに取り組んできたこれまでと比べて一体感が生まれにくいのではないか、との懸念もあったからだ。演劇をする学年があれば、その演劇に合わせたテーマの展示物を別の学年が作って展示するなど、学年を越えた一体感が生まれるよう工夫した。また、自分が参加する劇や自分が制作した作品について「たてわり班」のメンバーにアピールするコマーシャルタイムを設けた。これまでもコマーシャルタイムは設けてきたが、全校児童に向かって各学年の代表がアピールポイントを発表する形だった。一人一人が自分の考えるアピールポイントをたてわり班の児童に話す形に変えることは、よ

発表後に真剣な表情で感想を書き込む児童たち

り興味をもって行事に参加できる効果があったと小川校長は語る。実際、発表をみた児童たちが「たてわり班の子に感想を伝えたい！」と、すぐさま感想を書いている姿が多くみられたという。

（2）主体性をもたせる工夫

　弐分方フェスティバルは発表内容や方法をあまり細かく決めずにその年の児童の実態に合わせて計画していく。令和2年度の6年生は突然の休校などにより、最高学年としての自覚を持たせることが難しい、人と関わる機会が少なく成功体験が少ない、達成感を感じる場面が少ないなどの状況にあった。そこで、弐分方フェスティバルでは自分の力でやり切った達成感を感じることで、自信につなげてほしいと考えた教員は、「今年だからこそ、自分たちだからこそできることを考えてみよう」と呼びかけた。すると、「自分たちが得意な歌で表現したい」という意見が出た。早速、総合的な学習の時間を使った「うたつくプロジェクト」を始動することにした。プロジェクトには八王子観光特使の音楽ユニット「UP LIFT」が協力してくれることとなった。プロジェクトの具体は次のとおりだ。

令和2年10月：「うたつくプロジェクト」始動
・子供たちから歌詞に入れたい言葉を募集する
・UP LIFTがその言葉を使って作詞・作曲する
令和2年11月：曲の完成
・音楽専科の指導で練習する
・曲名を児童が決める
令和3年1月：弐分方フェスティバルで披露
令和3年3月：卒業式で披露

　児童が決めた曲名は『未来へ』。歌詞づくりでは自分たちや学校の良さを再確認することができた。発表の内容を児童に委ねることにより、「自分たちが作る行事だ」という意識が生まれ、より充実した行事になったようだ。また、UP LIFTと関わり、曲を作り上げたことにより、人との関わりの中で成功体験を得ることもできた。

だれかの力になれたとき，自分のいいところが見えてきた
一緒に悩んで　一緒に笑って　乗り越えた日々
不安がつつみこまれるような　あたたかさを感じた
がんばってきたこと　数えてみたけど
もっとうかぶ　君の笑顔
悩んでいることも　まだまだあるけど
きっと　だからこそ　今生きている
遠くでよんでいる　思い出たち
ここまで歩いてきた　一歩一歩
時間がすごく早く過ぎていく　さみしさを感じた
がんばってきたこと　数えてみたけど
もっとうかぶ　君の笑顔

『未来へ』は卒業式でも大切に歌われた

悩んでいることも　まだまだあるけど
きっと　だからこそ　今生きている
もがきながらも　踏み出していけ
だってどこに向かっても未来だ
離れていても　どこを向いても　同じ未来だ
がんばってきた　楽しかったこと　もっと数えていたいけれど
昨日の自分より　明日の自分を見て
未来へと　今生きてく

『未来へ』の歌詞

コロナ禍を逆手にとった「ハイブリッド型」での実施

　初めて弐分方フェスティバルを実施する予定だった令和2年度には緊急事態宣言が発出され、計画は大幅な変更を強いられることになってしまった。特に舞台発表については、演劇や合唱などの声を出し合う練習や、体育館に観客が集まる発表など、感染の危険が伴うため、実施自体が危ぶまれた。しかし、開催自体を諦めてしまえば、子供たちが思い出を作る機会を失うだけでなく、行事を通して身に付けることができる資質・能力も育たなくなってしまう。コロナ禍を理由に「できない」と諦めるよりも、「コロナ禍の今だからこそできることを」を合言葉に、実施方法を模索していくことになった。具体的には、児童は実際に練習や制作に取り組むが、舞台発表と展示の公開はオンラインのみで行うという「ハイブリッド型」の形をとることになった。

　オンラインでの公開に当たり、教員の働き方改革も意識した。令和2年度は、コロナ禍により一気にGIGAスクール構想が進んだ時期であり、弐分方小もオンラインでの配信ができる設備が整っていた。しかし、教員間のICT活用能力や知識には格差があり、オンライン公開の準備は難航した。そこで、準備の質とスピードを確保するため、年齢や役職に関係なく、ICTが得意な教員にリーダーを任せること

にした。小川校長は、働き方改革では、仕事の効率化そのものよりも、どのように効率化するかが重要だと考えている。お互いが得意なことを活かし合うことで効率も仕事の質も上がっていく。また、得意な部分を生かすことができた教員には自信もつく。弐分方フェスティバルの準備を通して、働き方改革にもつながる良いサイクルを作ることができたと語ってくれた。

柔軟に進化し続ける行事へ

令和2年度の弐分方フェスティバルは大好評で幕を閉じた。保護者からは「オンラインだったので都合のいい時間に見ることができて助かった」「子供と感想を言い合いながら見ることができた」などの声があった。卒業文集には「うたつくプロジェク

ト」に関する記述が多くみられた。小川校長は、「コロナ禍という未曽有の事態の中でも、できることを考えて自分たちでやり切ったという経験をしたことが、自己有用感につながったのではないか」と考える。

移動教室を実施した際には、自身の健康管理をしっかりと行うなど、児童に変容も見られた。これは、行事の主体は自分たちであるという意識が芽生えたことで、移動教室を成功させるためにどうしたらよいか、見通しをもって考えることができたからだと小川校長は考えている。

一方で、地域との関わりについては課題も見えてきた。令和3年度はオンラインではなく、実際に校舎を開放しての舞台発表、展示を行った。人数の制限は行ったが、保護者の参観も実施することができた。しかし、コロナの感染状況を考えると、学校を開放して地域の方も参加できる形での開催は、しばらくは難しい。地域に開かれた行事を目指して、改善を重ねていきたいと抱負も語ってくれた。

弐分方小では、これまで実施してきた「運動会」についても感染対策を考慮して実施方法や内容を見直し、名称も「スポーツフェスティバル」に変更した。これは、今の形がコロナ禍限定の暫定的な形なのではなく、これまで実施してきた「運動会」とは全く違う新しい行事であるということを教員や保護者の方に理解してもらう目的からだ。「ポストコロナ、ニューノーマルにおいては、今までの行事を見直し、再構築して新しいもの作るという視点が大切」と語る小川校長。今までの「普通」が誰にとっての「普通」だったのか、行事を通して子供にどんな力を身に付けさせたいのか……。コロナ禍は、行事の目的や本質を見つめ直す良いきっかけとなったという。弐分方フェスティバルは、状況や児童の実態にあわせて柔軟に進化し続ける行事になることだろう。

(取材／本誌　兼子智帆)

卒業文集の記述

今後の学校行事の在り方・取り組み方

文部科学省視学官

安部恭子

コロナ禍における学校行事

　令和2、3年度は、新型コロナウイルス感染症の感染拡大防止等により、各学校ではいろいろな教育活動が制限された。特に、子供たちが関わり合う活動や、児童会活動やクラブ活動など異年齢による交流活動が制限され、音楽会や体育祭、集団宿泊活動など、多くの学校行事が中止や延期になった。一方で、「できないからやらない」ではなく、新しい生活様式のもと、「どうしたらできるか」を考え、子供たちの発意・発想を生かしたり、ICT端末等を活用したりして、創意工夫して特別活動の実践に取り組んだ学校も多くみられたことは大変素晴らしい。

　令和3年1月25日の中央教育審議会初等中等教育分科会教育課程部会における審議のまとめでも、次のように記述されている。（一部抜粋、傍線は筆者）

　「新型コロナウイルス感染症の感染拡大に伴う臨時休業からの学校再開後には、限られた時間の中で学校における学習活動を重点化する必要が生じたが、そのような中でもまず求められたのは、<u>学級づくりの取組や、感染症対策を講じた上で学校行事を行うための工夫など、学校教育が児童生徒同士の学び合いの中で行われる特質を持つことを踏まえ教育活動を進めていくこと</u>であり、これらの活動を含

め、感染症対策を講じながら最大限子供たちの健やかな学びを保障できるよう、学校の授業における学習活動の重点化や次年度以降を見通した教育課程編成といった特例的な対応がとられた。このように<u>我が国の学校に特徴的な特別活動が、子供たちの円滑な学校への復帰や、全人格的な発達・成長につながる側面が注目された。</u>」

　子供たちにとって学校生活が楽しく充実したものになるためには、特別活動の豊かな実践が欠かせない。

学校行事の意義について改めて考える

　学校行事は、学校や学年などの大きな集団で、子供たちが協力して行う活動である。学級活動や児童会活動、クラブ活動といった自発的、自治的な活動とは異なり、学校が計画し、実施するものであるが、子供たちが積極的に参加し、協力し合うことにより充実する教育活動である。日常の学習や経験を総合的に発揮し、発展を図る教育活動であり、各教科等では容易に得られない体験活動である。そして、地域の催し物等、学校外の行事ともつながりのある活動内容も多く、子供たちは学校行事を通して、地域や社会への所属感や連帯感も高めていく。学校行事の充実は、学校生活に彩りを与えて豊かなものに

し、家庭や地域の信頼を高めることにつながり、共生社会の担い手を育てることにもつながっていく。

令和3年6月に、国立青少年教育振興機構から、「国立青少年教育施設における小・中学校の集団宿泊的行事に関する調査—コロナ禍における安心安全に配慮した体験活動の在り方—」の報告書が公表された。報告書によると、小学校、中学校ともに集団宿泊活動を実施することによって、コロナ禍におけるストレス反応（怒りや引きこもりの感情）が事前に比べて事後は減少し、反対に自信ややる気の感情が事前に比べて事後は向上するなど、メンタル面での課題の改善が見られたという。各学校においても、学校行事の意義や価値を確認し、学校全体で共有することが求められる。

学校行事の充実に向けて
各学校で取り組んでほしいこと

令和4年度においても、学校行事について、感染症予防だけでなく働き方改革と熱中症予防の観点から、時間短縮だけに重点を置いて実施したり、「昨年度やらなかったから、今年度もやらなくていい」などの安易な削減をしたりしている学校もあると聞く。

各学校においては、自校の子供たちや学校の実態から、子供たちに育みたい資質・能力を明確化した上で、5つの種類の学校行事で育成を目指す資質・能力を明確化し、自校で大切にしたい学校行事やその内容を見直すようにする。各教科等との関連を図るなど、カリキュラム・マネジメントの充実や、各学校行事の学びをつなげることも大切である。

次に、事前、事後の指導を含めた年間指導計画を作成して学校全体で共通理解を図ることが大切である。学校行事の成果を上げるためには、活動の手順だけではなく、活動の目的や内容を指導し、子供たちが意欲をもって主体的に活動できるようにする。

学校行事は単なる思い出づくりではないことから、子供たち自身がめあてを立てて活動に取り組み、振り返りを次の活動や課題解決に生かすことができるようにすることが求められる。

学校行事の種類によっては、子供たちが一部を分担し、自主的にその運営に当たることができるようにすることも大切である。上学年の子供たちが、学校や下学年のために活動する姿は、下学年にとってあこがれや尊敬につながり、ロールモデルとなる。多様な他者と協働する経験が自己有用感や自己肯定感、学校生活への意欲の向上につながっていく。

また、ICT端末や「キャリア・パスポート」を活用して振り返りの充実を図り、子供たちが自他のよさや頑張りに気付いたり、その後の生活に生かしたりできるようにすることも大切である。

これまでと同じようにできないからこそ、創意工夫して学校行事を実践する必要がある。

学校行事の充実が学校文化を創り、特色ある学校づくりにつながっていくのである。

[参考文献]
・文部科学省　小学校学習指導要領（平成29年告示）、同解説　特別活動編

Profile

あべ・きょうこ　埼玉県大宮市、さいたま市の小学校教諭、さいたま市教育委員会主任指導主事兼係長、さいたま市立小学校教頭を経て、平成27年4月より文部科学省初等中等教育局教科調査官（併）国立教育政策研究所教育課程研究センター教育課程調査官、令和4年4月より文部科学省初等中等教育局視学官、国立教育政策研究所生徒指導・進路指導センター生徒指導・特別活動連携推進官（併任）。小学校学習指導要領（平成29年告示）、同解説特別活動編、特別活動指導資料、「指導と評価の一体化」のための学習評価に関する参考資料（小学校特別活動）、小学校特別活動映像資料学級活動編を作成。単著に『特別活動で学校を楽しくする45のヒント』（文溪堂）、編著に『「みんなの」学級経営』小学1年～6年生（東洋館出版社）、『楽しい学校をつくる特別活動』（小学館）がある。

児童生徒の発達を支持し
未来を拓く生徒指導を

12年ぶりに改訂された「生徒指導提要」のポイント

東京理科大学教育支援機構教授
文部科学省「生徒指導提要改訂に関する協力者会議」座長
八並光俊

生徒指導の定義と目的を明示

今回改訂された生徒指導提要では、まず二つの点に着目してほしいと思っています。

第一に、生徒指導の定義と目的を明示したことです。

定義は、「生徒指導とは、社会の中で自分らしく生きることができる存在へと児童生徒が、自発的・主体的に成長や発達する過程を支える教育活動のことである。なお、生徒指導上の課題に対応するために、必要に応じて指導や援助を行う」と示されました。これは、生徒指導が児童生徒の成長や発達をサポートするものであるということ、そしてあくまで主体は児童生徒であることを明らかにしたわけです。

また、目的については、「生徒指導は、児童生徒一人一人の個性の発見とよさや可能性の伸長と社会的資質・能力の発達を支えると同時に、自己の幸福追求と社会に受け入れられる自己実現を支える」と示されました。これは、児童生徒たちに向けて、自らの力で生きていくために、自己と向き合ってほしいという思いが込められています。

第二に、重層的な支援構造を示したことです。新しい生徒指導提要では、課題性の低い方から高い方に向けて、①「発達支持的生徒指導」、②「課題予防的生徒指導」、③「困難課題対応的生徒指導」とし、

②については、課題早期発見対応と課題未然防止教育に分けて重層的に整理しました。これを時間軸の観点から、「発達支持的生徒指導」「課題予防的生徒指導：課題未然防止教育」を先行的・常態的（プロアクティブ）な領域、「課題予防的生徒指導：課題早期発見対応」「困難課題対応的生徒指導」を継続的・即応的（リアクティブ）な領域として整理し、プロアクティブでは、全ての児童生徒を対象とした個性・多様性・人権を尊重した取組や問題を起こさない取組を、リアクティブでは、課題に関わる児童生徒を対象に機動的かつ継続的に対応できる取組を目指します。

まず、この二つの基本的なところを押さえてほしいと思っています。

法の知識が児童生徒と教員を守る

さらに、今回の改訂の特色となるのは、法に対する知識と理解を促しているということです。法を知らずしては、児童生徒も教員自身も守れません。例えば、学校が、いじめ対応の校内研修をしている、いじめ防止方針を公開していますといっても、いじめ防止対策推進法についての十分な知識をもとに対応していなければ、問題が起きた時に責任を追及されることになります。

生徒指導の大事なポイントは危機管理です。児童

※生徒指導の構造については、42ページ以降を参照

生徒には安心・安全を保障するとともに、教員にとっては万が一に備えることが大切です。そのためには、法に対する知識・理解を持って生徒指導を展開してほしい。言い換えると、リーガル・マインドだけでなく、リーガル・ナレッジが大切となります。

授業、キャリア教育と一体となった発達支持的生徒指導を

日本の教員は欧米と違い、半分はティーチャー、半分はスクールカウンセラーの役割を担います。双方を達成するためには、児童生徒のキャリア実現を目指していくことと学習と生徒指導を連動させていくことが大切なポイントとなります。

児童生徒が直面する生徒指導上の問題が行き着くところはキャリアクライシス、すなわち人生の危機です。そこでつまずくことはその後の人生を描けなくなるおそれがあるのです。だからこそ、プロアクティブである発達支持的生徒指導が求められます。

生徒指導は、児童生徒一人一人の現在と未来に力点を置いた総合的な発達支援であり、まさに人間教育そのものです。そこで重要になるのが、日々の授業や様々な体験活動です。授業における様々な発見や感動や創造、特活などにおける多彩な体験活動や出会いなど、これらが発達支持的生徒指導につながります。その意味で、授業や体験活動が持つ教育効果をぜひ見失わないでほしいと思っています。

授業、キャリア教育、生徒指導は連動しており、一体として進められていくものです。授業改善なくして生徒指導はありません。そしてキャリア教育と生徒指導は表裏一体のものなのです。

総合的なアセスメントで児童生徒を支援

児童生徒への具体的なアプローチとしては、総合的なアセスメントが大事なポイントとなるでしょう。

児童生徒自身と家庭への個人的なアセスメントと学級・学年を対象とした集団のアセスメントの両面を、複数の教職員で行います。児童生徒に関する広く、深く、多角的な情報が揃うと、当該児童生徒の個性や長所・可能性（自助資源）や課題・改善点がみえてきます。また、いじめや児童虐待などのリスクに対する緊急支援度も整理できます。さらに、学校では支援が難しい場合に、どのような関係機関等にサポーターになってもらえるかも予測がつきます。これが、関係機関を含めた地域との連携・協働の根拠や対応の拠り所となり、発達支持的・課題予防的・困難課題対応的といった様々な局面での対応が可能となります。その意味で、学年の初期段階のアセスメントが非常に大事になります。アセスメントを不十分にして対応に多くの時間を割くことは得策ではありません。アセスメントに多くの時間を割き、対応は絞り込んで行うといった取組が必要です。

また、学級経営はこれまで以上に大事になるでしょう。半ば強制的に集団となった児童生徒と教員がお互いに理解し合わなければ生徒指導は難しい。教員も自己を開き、児童生徒には自己存在感を持たせ、多様性を受容する風土を育みながら、支持的・信頼的・規範的な学級集団をつくっていくことが大切です。その意味で、教員には、コーディネーターとしての意識を持って生徒指導に当たることが大切です。

新生徒指導提要は、チーム学校が地域の中核となって、地域社会総掛かりで、児童生徒の発達を支持し、児童生徒自らが未来を拓いていくことを求めているのです。

Profile

やつなみ・みつとし　専門は，生徒指導・スクールカウンセリング。アメリカインディアナ大学および東京大学客員研究員，日本生徒指導学会会長、文部科学省「生徒指導提要改訂に関する協力者会議」座長、中央教育審議会初等中等教育分科会委員、2009年度アメリカ国務省より次世代の日本のリーダーに選出、2011年度東京理科大学より「理事長賞」を受賞。

＊8月27日　第20回早稲田大学教職大学院学校教育学会「新生徒指導提要と学校教育」における講演「リーガル・ナレッジに基づく発達支持的生徒指導の充実」を編集部にて抄録

●資料・改訂生徒指導提要ダイジェスト

生徒指導の定義と目的
今回改訂された生徒指導提要では、新たに「生徒指導の定義」が示されました。　　　　（編、以下同）

（第1章　生徒指導の基礎　1.1　生徒指導の定義
1.1.1　生徒指導の定義）

（1）生徒指導の定義

学校教育の目的は、「人格の完成を目指し、平和で民主的な国家及び社会の形成者として必要な資質を備えた心身ともに健康な国民の育成」（教育基本法第1条）を期することであり、また、「個人の価値を尊重して、その能力を伸ばし、創造性を培い、自主及び自律の精神を養う」（同法第2条二）ことが目標の一つとして掲げられています。この学校教育の目的や目標達成に寄与する生徒指導を定義すると、次のようになります。

> 生徒指導の定義
> 生徒指導とは、社会の中で自分らしく生きることができる存在へと児童生徒が、自発的・主体的に成長や発達する過程を支える教育活動のことである。なお、生徒指導上の課題に対応するために、必要に応じて指導や援助を行う。

生徒指導は、児童生徒が自身を個性的存在として認め、自己に内在しているよさや可能性に自ら気付き、引き出し、伸ばすと同時に、社会生活で必要となる社会的資質・能力を身に付けることを支える働き（機能）を持っています。したがって、生徒指導は学校の教育目標を達成する上で重要な機能を果たすものであり、学習指導と並んで学校教育において重要な意義を持つものと言えます。

（2）生徒指導の目的

生徒指導の目的は、教育課程の内外を問わず、学校が提供する全ての教育活動の中で児童生徒の人格が尊重され、個性の発見とよさや可能性の伸長を児童生徒自らが図りながら、多様な社会的資質・能力を獲得し、自らの資質・能力を適切に行使して自己

実現を図り、自己の幸福と社会の発展を児童生徒自らが追求することを支えるところに求められます。

> 生徒指導の目的
> 生徒指導は、児童生徒一人一人の個性の発見とよさや可能性の伸長と社会的資質・能力の発達を支えると同時に、自己の幸福追求と社会に受け入れられる自己実現を支える。

生徒指導において発達を支えるとは、児童生徒の心理面（自信・自己肯定感等）の発達のみならず、学習面（興味・関心・学習意欲等）、社会面（人間関係・集団適応等）、進路面（進路意識・将来展望等）、健康面（生活習慣・メンタルヘルス等）の発達を含む包括的なものです。

また、生徒指導の目的を達成するためには、児童生徒一人一人が自己指導能力を身に付けることが重要です。児童生徒が、深い自己理解に基づき、「何をしたいのか」、「何をするべきか」、主体的に問題や課題を発見し、自己の目標を選択、設定して、この目標の達成のため、自発的、自律的、かつ他者の主体性を尊重しながら、自らの行動を決断し、実行する力、すなわち、「自己指導能力」を獲得することが目指されます。

児童生徒は、学校生活における多様な他者との関わり合いや学び合いの経験を通して、学ぶこと、生きること、働くことなどの価値や課題を見いだしていきます。その過程において、自らの生き方や人生の目標が徐々に明確になります。学校から学校への移行、学校から社会の移行においても、主体的な選択・決定を促す自己指導能力が重要です。

実践上の視点
「生徒指導の実践上の視点」が新設され、児童生徒の自己指導能力を獲得するための視点が整理されました。

（1.1.2　生徒指導の実践上の視点）

これからの児童生徒は、少子高齢化社会の出現、災害や感染症等の不測の社会的危機との遭遇、高度情報化社会での知識の刷新やICT活用能力の修得、

外国の人々を含め多様な他者との共生と協働等、予測困難な変化や急速に進行する多様化に対応していかなければなりません。

児童生徒の自己指導能力の獲得を支える生徒指導では、多様な教育活動を通して、児童生徒が主体的に挑戦してみることや多様な他者と協働して創意工夫することの重要性等を実感することが大切です。以下に、その際に留意する実践上の視点を示します。

（1）自己存在感を感受できるような配慮

児童生徒の教育活動の大半は、集団一斉型か小集団型であり、集団に個が埋没してしまう場合があります。そのため、学校生活のあらゆる場面で、「自分も一人の人間として大切にされている。」という自己存在感を、児童生徒が実感する機会を用意することが大切です。また、ありのままの自分を肯定的に捉える自己肯定感や、他者のために役立った、認められたという自己有用感を育むことが非常に大切になります。

（2）共感的な人間関係の育成

学級経営・ホームルーム経営の焦点は、教職員と児童生徒、児童生徒同士の選択できない出会いから始まる生活集団を、どのようにして認め合い・励まし合い・支え合える学習集団に変えていくのかということです。失敗を恐れない、間違いやできないことを笑わない、むしろ、なぜそう思ったのか、どうすればできるようになるのかを皆で考える支持的で創造的な学級・ホームルームづくりが生徒指導の土台となります。そのためには、自他の個性を尊重し、相手の立場にたって考え、行動できる相互扶助的で共感的な人間関係をいかに早期に創りあげるかが重要となります。

（3）自己決定の場の提供

自己存在感を感受するには、授業場面で自らの意見を述べる、観察・実験・調べ学習等を通じて自己の仮説を検証してレポートする等、自ら考え、選択し、決定する、あるいは発表する、制作する等の体験が何より重要です。児童生徒の自己決定の場を広

げていくために、学習指導要領が示す「主体的・対話的で深い学び」の実現に向けた授業改善を進めていくことが求められます。

（4）安全・安心な風土の醸成

児童生徒一人一人が、個性的な存在として尊重され、学級・ホームルームで安全かつ安心して教育を受けられるように配慮する必要があります。他者の人格や人権をおとしめる言動、いじめ、暴力行為などは、決して許されるものではありません。お互いの個性や多様性を認め合い、安心して授業や学校生活が送れるような風土を、教職員の支援のもとで、児童生徒自らがつくり上げるようにすることが大切です。そのためには、教職員による児童生徒への配慮に欠けた言動、暴言や体罰等が許されないことは言うまでもありません。

生徒指導の関連性

生徒指導との関連について、教育相談とともに、キャリア教育との結びつきを重視しています。

（1.1.3　生徒指導の連関性）

（1）生徒指導とキャリア教育

生徒指導と同様に、児童生徒の社会的自己実現を支える教育活動としてキャリア教育があります。生徒指導を進める上で、両者の相互作用を理解して、一体となった取組を行うことが大切です。

小・中学校学習指導要領の総則では、キャリア教育について「児童（生徒）が、学ぶことと自己の将来とのつながりを見通しながら、社会的・職業的自立に向けて必要な基盤となる資質・能力を身に付けていくことができるよう、特別活動を要としつつ各教科等の特質に応じて、キャリア教育の充実を図ること。」と示されています。キャリア教育は学校教育全体で行うという前提のもと、これからの学びや自己の生き方を見通し、これまでの活動を振り返るなど、教育活動全体の取組を自己の将来や社会につなげていくことが求められています。

そして、進路指導について「その中で、生徒が自らの生き方を考え主体的に進路を選択することができるよう、学校の教育活動全体を通じ、組織的かつ計画的な進路指導を行うこと。」（中学校）とあります。つまり、キャリア教育の中に進路指導が包含されており、高等学校の学習指導要領にも同様の内容が示されています。さらに、小学校学習指導要領第6章、中学校及び高等学校学習指導要領第5章の特別活動の学級活動・ホームルーム活動の内容項目（3）が「一人一人のキャリア形成と自己実現」となっており、小・中・高を通じたキャリア教育の積み重ねの重要性が示されています。

いじめや暴力行為などの生徒指導の課題対応では、児童生徒の反省だけでは再発防止力は弱く、自他の人生への影響を考えること、自己の生き方を見つめること、自己の内面の変化を振り返ること、将来の夢や進路目標を明確にすることが重要です。したがって、生徒指導とキャリア教育は、深い関係にあると言えます。

（2）生徒指導と教育相談

教育相談は、生徒指導から独立した教育活動ではなく、生徒指導の一環として位置付けられるものであり、その中心的役割を担うものと言えます。教育相談の特色と、生徒指導の関係は以下のとおりです。

①個別性・多様性・複雑性に対応する教育相談

教育相談とは、一人一人の児童生徒の教育上の諸課題について、本人又は保護者などにその望ましい在り方について助言をするものと理解されてきました。教育相談では、個別相談やグループ相談などがありますが、児童生徒の個別性を重視しているため、主に個に焦点を当てて、面接やエクササイズ（演習）を通して個の内面の変容を図ろうとします。それに対して、生徒指導は主に集団に焦点を当て、学校行事や体験活動などにおいて、集団としての成果や発展を目指し、集団に支えられた個の変容を図ります。

また、児童生徒の発達上の多様性や家庭環境の複雑性も増しています。例えば、深刻ないじめ被害のある

児童生徒や長期の不登校児童生徒への対応、障害のある児童生徒等、特別な配慮や支援を要する児童生徒への対応、児童虐待や家庭の貧困、家族内の葛藤、保護者に精神疾患などがある児童生徒への対応、性同一性障害や性的指向・性自認に係る児童生徒への対応などが求められます。その意味では、生徒指導における教育相談は、現代の児童生徒の個別性・多様性・複雑性に対応する生徒指導の中心的な教育活動だと言えます。

②生徒指導と教育相談が一体となったチーム支援

教育相談は、従来どちらかといえば事後の個別対応に重点が置かれていましたが、不登校、いじめや暴力行為等の問題行動、子供の貧困、児童虐待等については、生徒指導と教育相談が一体となって、「事案が発生してからのみではなく、未然防止、早期発見、早期支援・対応、さらには、事案が発生した時点から事案の改善・回復、再発防止まで一貫した支援」に重点をおいたチーム支援体制を築くことが重要です。

生徒指導の構造

生徒指導の構造について重層的に整理されました。時間軸や指導・支援の対象も明示されています。

（1.2　生徒指導の構造　1.2.1　2軸3類4層構造）
生徒指導の分類を示すと、図1.1のようになります。

（1）生徒指導の2軸

課題の有無を起点とした時間軸に着目すると、図1.1の右端のように2分されます。

① 日常の生徒指導を基盤とする発達支持的生徒指導と組織的・計画的な課題未然防止教育は、先手型の常態的・先行的（プロアクティブ）生徒指導と言えます。

② 課題の予兆的段階や初期状態の指導・援助を行う課題早期発見対応と、深刻な課題への切れ目のない指導・援助を行う困難課題対応的生徒指導は、事後対応型の即応的・継続的（リアクティブ）生徒指導と言えます。

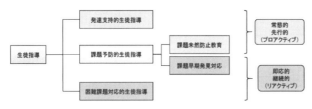

図1.1　生徒指導の分類

（2）生徒指導の3類

生徒指導の対象となる児童生徒の観点から分類すると、以下の3類となります。

① 全ての児童生徒の発達を支える発達支持的生徒指導

② 全ての児童生徒を対象とした課題の未然防止教育と、課題の前兆行動が見られる一部の児童生徒を対象とした課題の早期発見と対応を含む課題予防的生徒指導

③ 深刻な課題を抱えている特定の児童生徒への指導・援助を行う困難課題対応的生徒指導

（3）生徒指導の4層

図1.1で示した分類は、図1.2のように対象と課題性の高さから、第1層「発達支持的生徒指導」、第2層「課題予防的生徒指導：課題未然防止教育」、第3層「課題予防的生徒指導：課題早期発見対応」、第4層「困難課題対応的生徒指導」の4層から成る重層的支援構造を持っています。以下で、具体的に各層について説明します。

1.2.2　発達支持的生徒指導

発達支持的生徒指導は、特定の課題を意識するこ

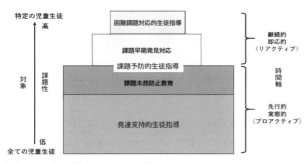

図1.2　生徒指導の重層的支援構造

となく、全ての児童生徒を対象に、学校教育の目標の実現に向けて、教育課程内外の全ての教育活動において進められる生徒指導の基盤となるものです。発達支持的というのは、児童生徒に向き合う際の基本的な立ち位置を示しています。すなわち、あくまでも児童生徒が自発的・主体的に自らを発達させていくことが尊重され、その発達の過程を学校や教職員がいかに支えていくかという視点に立っています。すなわち、教職員は、児童生徒が「個性の発見とよさや可能性の伸長と社会的資質・能力の発達を支える」ように働きかけます。

発達支持的生徒指導では、日々の教職員の児童生徒への挨拶、声かけ、励まし、賞賛、対話、授業、行事等を通した個と集団への働きかけが大切になります。例えば、自己理解力や自己効力感、コミュニケーション力、他者理解力、思いやり、共感性、人間関係形成力、協働性、目標達成力、課題解決力などを含む社会的資質・能力の育成や、自己の将来をデザインするキャリア教育など、教師だけではなくスクールカウンセラー（以下「SC」という。）等の協力も得ながら、共生社会の一員となるための市民性教育・人権教育等の推進などの日常的な教育活動を通して、全ての児童生徒の発達を支える働きかけを行います。このような働きかけを、学習指導と関連付けて行うことも重要です。意図的に、各教科、特別の教科　道徳（以下「道徳科」という。）、総合的な学習（探究）の時間、特別活動等と密接に関連させて取組を進める場合もあります。

1.2.3　課題予防的生徒指導：課題未然防止教育

課題予防的生徒指導は、課題未然防止教育と課題早期発見対応から構成されます。課題未然防止教育は、全ての児童生徒を対象に、生徒指導の諸課題の未然防止をねらいとした、意図的・組織的・系統的な教育プログラムの実施です。

具体的には、いじめ防止教育、SOSの出し方教育を含む自殺予防教育、薬物乱用防止教育、情報モラル

教育、非行防止教室等が該当します。生徒指導部を中心に、SC等の専門家等の協力も得ながら、年間指導計画に位置付けられて、実践されることが重要です。

1.2.4　課題予防的生徒指導：課題早期発見対応

　課題発見早期対応では、課題の予兆行動が見られたり、問題行動のリスクが高まったりするなど、気になる一部の児童生徒を対象に、深刻な問題に発展しないように、初期の段階で諸課題を発見し、対応します。例えば、ある時期に成績が急落する、遅刻・早退・欠席が増える、身だしなみに変化が生じたりする児童生徒に対して、いじめや不登校、自殺などの深刻な事態に至らないように、早期に教育相談や家庭訪問などを行い、実態に応じて迅速に対応します。

　特に、早期発見では、いじめアンケートのような質問紙に基づくスクリーニングテストや、SCやスクールソーシャルワーカー（以下「SSW」という。）を交えたスクリーニング会議によって気になる児童生徒を早期に見いだして、指導・援助につなげます。

　また、早期対応では、主に、学級・ホームルーム担任が生徒指導主事等と協力して、機動的に課題解決を行う機動的連携型支援チームで対応することとなります。しかし、問題によっては、生徒指導主事や生徒指導担当、教育相談コーディネーター（教育相談担当主任等）や教育相談担当、学年主任、特別支援教育コーディネーター、養護教諭、SC・SSW等の教職員が協働して、校内連携型支援チームを編成して、組織的なチーム支援によって早期に対応することが望まれます。

1.2.5　困難課題対応的生徒指導

　いじめ、不登校、少年非行、児童虐待など特別な指導・援助を必要とする特定の児童生徒を対象に、校内の教職員（教員やSC・SSW）だけでなく、校外の教育委員会、警察、病院、児童相談所、NPO等の関係機関との連携・協働による課題対応を行う

のが、困難課題対応的生徒指導です。困難課題対応的生徒指導においては、学級・ホームルーム担任による個別の支援や学校単独では対応が困難な場合に、生徒指導主事や教育相談コーディネーター（教育相談担当主任等）を中心にした校内連携型支援チームを編成したり、校外の専門家を有する関係機関と連携・協働したネットワーク型のチーム支援を編成したりして対応します。

　児童生徒が取り組む課題の背景には、児童生徒の個人の性格や社会性、学習障害・注意欠陥多動性障害・自閉症などの発達障害といった個人的要因、児童虐待・家庭内暴力・家庭内の葛藤・経済的困難などの家庭的要因、また、友人間での人間関係に関する要因など、実に様々な要因が絡んでいます。学校としては、このような課題の背景を十分に理解した上で、課題に応じて管理職、生徒指導主事、学級・ホームルーム担任、養護教諭、SC・SSW等の専門家で構成される校内連携型支援チームや、関係機関等との連携・協働によるネットワーク型支援チームを編成して、計画的・組織的・継続的な指導・援助を行うことが求められます。

　生徒指導と言うと、課題が起き始めたことを認知したらすぐに対応する（即応的）、あるいは、困難な課題に対して組織的に粘り強く取り組む（継続的）というイメージが今も根強く残っています。しかし、いじめ重大事態や暴力行為の増加、自殺の増加などの喫緊の課題に対して、起きてからどう対応するかという以上に、どうすれば起きないようになるのかという点に注力することが大切です。

　いじめを例にすると、いじめの疑いのある段階からの発見やいじめを認知した段階で迅速な対処を行う課題早期発見対応、そして、いじめ解消に向けた困難課題対応的生徒指導は重要ですが、SNSによるいじめなど教職員に見えにくいいじめへの対応の難しさを考えると、全ての児童生徒を対象に先手を打った取組を行うことが求められます。人権意識を高める観点から、例えば、国語の授業で他人を傷つけない言語表現を学習する。あるいは、市民性教育

の観点から、ネットでの誹謗中傷的書き込みの他者への影響等を、道徳科や特別活動等で学習する。こうした取組は、教職員が日常的に児童生徒に働きかける発達支持的生徒指導（常態的）と言えます。同時に、いじめが起きないように先手を打って、いじめに関する課題未然防止教育（先行的）を、児童会や生徒会と協力して展開することも大切です。

全ての児童生徒を対象にした、人を傷つけない言語表現の学習、情報モラル教育、法教育といった発達支持的生徒指導は、児童生徒の実態と合ったものであれば、いじめの抑止効果を持つことが期待されます。また、課題予防的生徒指導（課題早期発見対応）や困難課題対応的生徒指導を通して、起こった事象を特定の児童生徒の課題として留めずに、学級・ホームルーム、学年、学校、家庭、地域の課題として視点を広げて捉えることによって、全ての児童生徒に通じた指導の在り方が見えてきます。

このように、発達支持的生徒指導や課題予防的生徒指導（課題未然防止教育）の在り方を改善していくことが、生徒指導上の諸課題の未然防止や再発防止につながり、課題早期発見対応や困難課題対応的生徒指導を広い視点から捉え直すことが、発達支持的生徒指導につながるという円環的な関係にあると言えます。その意味からも、これからの生徒指導においては、特に常態的・先行的（プロアクティブ）な生徒指導の創意工夫が一層必要になると考えられます。

生徒指導の取組上の留意点

今回の生徒指導提要では、法的理解を求めています。取組上の土台として児童の権利条約等を示したほか、いじめ、不登校など個別の対応課題についても法的根拠をしめしました。

（1.5　生徒指導の取組上の留意点
1.5.1　児童生徒の権利の理解）

（1）児童の権利に関する条約

まず、第一は、教職員の児童の権利に関する条約についての理解です。児童生徒の人権の尊重という場合に、留意すべきは平成元年11月20日に第44回国連総会において採択された児童の権利に関する条約です。日本は、平成2年にこの条約に署名し、平成6年に批准し、効力が生じています。本条約における児童とは、18歳未満の全ての者を指します。本条約の発効を契機として、児童生徒の基本的人権に十分配慮し、一人一人を大切にした教育が行われることが求められています。

（四つの原則）

生徒指導を実践する上で、児童の権利条約の四つの原則を理解しておくことが大切です。それらは、第一に、児童生徒に対するいかなる差別もしないこと、第二に、児童生徒にとって最もよいことを第一に考えること、第三に、児童生徒の命や生存、発達が保障されること、第四に、児童生徒は自由に自分の意見を表明する権利を持っていることです。関連する条文の概要は、以下のとおりです。

①差別の禁止

児童又はその父母若しくは法定保護者の人種、皮膚の色、性、言語、宗教、政治的意見その他の意見、国民的、種族的若しくは社会的出身、財産、心身障害、出生又は他の地位にかかわらず、いかなる差別もなしにこの条約に定める権利を尊重し、及び確保する。（第2条）

②児童の最善の利益

児童に関する全ての措置をとるに当たっては、公的若しくは私的な社会福祉施設、裁判所、行政当局又は立法機関のいずれによって行われるものであっても、児童の最善の利益が主として考慮されるものとする。（第3条）

③生命・生存・発達に対する権利

生命に対する児童の固有の権利を認めるものとし、児童の生存及び発達を可能な最大限の範囲において確保する。（第6条）

④意見を表明する権利

児童が自由に自己の意見を表明する権利を確保する。児童の意見は、その児童の年齢及び成熟度に従って相応に考慮される。（第12条）

（本資料は8月26日現在の「生徒指導提要」（案）に基づいて作成されています）

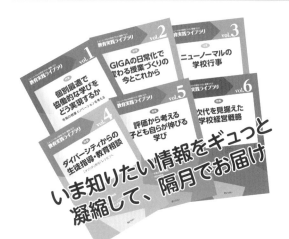

実践×研鑽×癒しを1冊で叶える多彩な連載

連載ラインナップ

▶ ニューノーマル時代の教育とスクールリーダー

- **異見・先見 日本の教育**〈各界著名人によるリレー提言〉
  *教育は、どこに向かうべきか。識者による骨太の論説で学校経営のヒントを提供。
- **直言 SDGs×学校経営〜ニューノーマル時代のビジョンと実践〜**／住田昌治（学校法人湘南学園学園長）
  *学校の日常をSDGsの視点から見直し、これからの学校経営の進め方を提言。
- **ニューノーマルの校内研修**／村川雅弘（甲南女子大学教授）
- **誌上ワークショップ！ 目からウロコの働き方改革**／〈リレー連載〉澤田真由美（先生の幸せ研究所代表）ほか

▶ 次代に向けた授業イノベーション、今日からの第一歩

- **"普通にいい授業"を創る**／奈須正裕（上智大学教授）
  *資質・能力ベイスの授業づくりをこれからのスタンダードにする知恵とワザを伝授。
- **学びの共同・授業の共創**／佐藤雅彰（学びの共同体研究会）
  *誰一人取り残さない協同的な授業と教師の学び合いについて、実践例をもとに考える。
- **未来を切り拓く総合的学習**〈各地の学校の取組み紹介〉
  *先行き不透明な時代に一筋の光となる「総合」の学びを探る。
- **子どもが創る授業Ⅲ**／西留安雄（授業改善アドバイザー）×授業実践者
- **生徒指導の新潮流**／伊藤秀樹（東京学芸大学准教授）
  *12年ぶりに「生徒指導提要」が改訂。注目の新視点や手法は？
- **実践先進校レポート**〈各地の学校の授業ルポ〉

▶ とことん現場目線 教師のホンネ・学校の日常に迫る

- **教師生活が楽しくラクになる 魔法の作戦本部**／諸富祥彦（明治大学教授）
  *がんばりすぎて消耗している先生方に送るポジティブヒント。
- **玉置崇の 教育放談**／玉置崇（岐阜聖徳学園大学教授）

▶ 学校現場発！ 校長の流儀 ＋ 若手教師の叫び

- **校長のお部屋拝見**〈校長によるリレーエッセイ〉
- **聞いて！ 我ら「ゆとり世代」の主張**〈20・30代教師によるリレーエッセイ〉

▶ 視点がひろがる、学びが得られる、心癒される ── とっておきアラカルト

- **"ふるさと"と私**〈各界著名人によるリレーエッセイ〉
- **「こころ」を詠む**／髙柳克弘（俳人）
- **「教育漫才」笑劇場**／田畑栄一（埼玉県越谷市立新方小学校長）

カラーグラビア

- ◆ **インタビュー・子どもを変える神コーチ**
  *様々な分野の「教える」達人を訪ね、子どもの生き方、心に変化を起こす極意に迫る。
- ◆ **時空に遊ぶ〜曼荼羅のいざない〜**／フミ スギタニ（ペン画作家）
- ◆ **一街一夜物語**／中村勇太（夜景写真家）
- ◆ **わが校自慢のゆるキャラ紹介**

*特集タイトルは変更になる場合があります。

■読者限定WEBスペシャル・コンテンツ

- ✓ Vol.○のイチ押し──ここ読んで!
- ✓ 実践者からのメッセージ
- ✓ 学校だより・学級だよりにつかえる「今日は何の日?」
- ✓ 学級だよりに役立つカウンセリング・テクニック
- ✓ 直近 教育ニュース・アーカイブ　ほか

*各巻掲載のQR・URLからアクセスしていただけます。巻ごとに異なる内容です。

●お問い合わせ・お申し込み先
㈱ぎょうせい
〒136-8575 東京都江東区新木場1-18-11
TEL：0120-953-431／FAX：0120-953-495
URL：https://shop.gyosei.jp

経験は人生の宝物

お笑い芸人　石澤智幸

　私の故郷は山形県山形市。山々に囲まれた実家の裏には川が流れ、自然豊かな風情ある場所で育った。遊びはもっぱら外。友人たちとの「ドロケー」に野球、山麓の雨風が凌げそうな場所には秘密基地を作った。季節によって遊びは変わる。春は山菜採り。採りたてのふきのとうを、母が味噌汁に入れたり天ぷらにしてくれた。ほろ苦いがこれがおいしい。母の笑顔が嬉しくてまた採りに行くのである。夏は川で釣りや水遊び。カブトムシ・クワガタムシ・カミキリムシにオニヤンマなどの昆虫採集もワクワクした。秋は河川敷での芋煮会。家族、友人、町内会の方々と鍋を囲む。これぞふるさとの味。美味！　冬は積雪が多かったので、玄関前の道路の雪掻きから1日が始まる。その掻いた雪を集めて雪山を作りミニスキーやそりで滑った。かまくら作りに雪合戦。スマホやゲームがなかった時代も、それはそれでかなり楽しかったものだ。子どもながらにあれやこれやと工夫をし、その中で命の大切さや人間関係を学んでいたのかもしれない。

　私は7歳から高校3年生まで詩吟をやることになる。自ら好んで始めたわけではない。3世代で暮らしていたのだが、長年詩吟をやっていた祖母からいつの間にか教わっていた。歌うことは好きで小1でピンク・レディーのものまねなどをしていたが、詩吟となると別物だ。まず独特の節回し。そして振り付けが全くない。祖母はこぶしを回すのだが、それができない。「少年老い易く、学成り難し」と吟じるのだが意味が分からない。詩吟そのものに楽しさは感じていなかったが、モチベーションを保ったのはたまにやってくる昇段試験だ。大人しかいない試験会場だったため、子どもの私は皆さんに可愛がられた。そして、試験に合格すると貰える賞状が嬉しくて続けていた。人生初のトロフィーを貰った時はとても喜んだ。思春期を迎えると詩吟をやっていることに疑問を感じはじめた。何のためにやっているのか。友達は誰一人やっていないしそもそも面白くない。とはいえ高校に入っても何となくではあったが続けていた。ある日、私が詩吟をやっ

● Profile ●

いしざわ・ともゆき　お笑いコンビ「テツ and
トモ」のメンバー。1998 年コンビ結成。今年
で 25 年目を迎える。「なんでだろう〜」が
2003 年新語・流行語大賞、年間大賞を受賞。
同年、NHK「第 54 回NHK紅白歌合戦」に白
組歌手として出場。現在はテレビ番組、イベン
ト出演の他、YBC ラジオ「テツ and トモのな
んでだラジオ！」（毎週金曜日 16：20 〜）に
レギュラー出演中。2022 年 10 月 19 日には
テイチクエンタテインメントよりシングル CD
「愛しい人よ」をリリース。全国各地でお笑い
と歌のステージを展開している。毎週月曜日
19：00 〜 歌を中心に家族で楽しめる
YouTube「テツ and トモチャンネル」を配信
中。

ていることを知った担任の先生からこんな提案が。「詩吟
ができるのは珍しいから朝の全校集会で吟じてほしい」と。
「えっ、なぜ？」と思ったが、数日後に私は全校生徒の前
で披露していたのだった。達成感よりも恥ずかしさが上
回っていたことを覚えている。私は複雑な感覚だったが、
生徒の皆さんこそどんな思いで聴いていたのだろう。

　18歳、詩吟を続けても何の役にも立たないと感じた私
は、上京するタイミングで詩吟から離れた。役者を目指
していた私は大学２年生の時、東京で渡辺えりさん主宰
「劇団３○○」の舞台のオーディションを受けた。１か
月間の東京公演の他に山形公演もあり、ぜひ参加したい
と応募した。台詞などの実技試験の後に面接もある。自
分をPRするのだが、そこで暫くやっていなかった詩吟
を披露したのだ。できるようになっていたこぶしの回し
方は喉が覚えていた。後日えりさんに伺ったら詩吟が良
かったとのこと。なんとオーディションに合格したので
ある。しかもえりさんは当て書きをして、私が詩吟を吟じ
るシーンまで作ってくださった。何の役にも立たなかっ
たはずの詩吟が、私を晴れ舞台に立たせてくれたのだ。
ふるさとの山形市民会館での公演には両親や友人、そし
て高校の担任の先生も来てくださった。あの全校集会か
ら数年後、この大舞台で詩吟を吟じることになるなん
て、先生は予期していたのだろうか。他界して来られな
かった祖母にも、恩返しができたような気がした。

　私の職業は芸人だが、今の仕事の中心は漫才やコント
ではなく歌うこと。その基礎は、確実に私の歌の原点で
ある詩吟から学んだ。発声の仕方、たまに入るこぶしや
節回しもそうだ。人生どこで何が繋がり役に立つのか分
からない。「なんでだろう〜？」のあるあるネタも、ふ
るさとでの記憶から生まれた。私の場合は様々な経験
が、知らぬ間に人生の手助けをしてくれたのだ。子ども
たちにも役に立たないと思うことを無駄と思わず、たく
さんの経験をしてもらいたい。そして引き出しを増やし
道を切り開き、豊かな人生を歩んでほしいと願う。

性教育は私とあなたを尊重する学び

別々の教室に分けられた性教育

小学校高学年、この頃になると、それまで一緒にサッカーやドッジボールをやっていたのに、あまり声をかけられなくなった。気付いたら校庭では男子だけで試合をやるようになって、入りづらくなっていた。私はサッカーが好きだったのに、女子のサッカークラブが学校になかったから不公平だなと思っていたものだ。この辺りから男女を隔てる何かが当たり前のように生まれていた。

そんなある日、男女別々の教室に分けられた。性教育の時間だった。私たち女子グループが最初に教わったのは生理について。生理は赤ちゃんをつくれるようになる体の準備だと教わった。そして多分、性病の恐ろしさについても。その伝え方は、ちょっと前にビデオで見せられたドラックに手を出したら大変なことになる、みたいなものだったような気がする。とにかく何か怖いことが体に起きるのだというのはわかった。

妊娠と性病についてなど、セックスの後のことについては教えてもらった一方、実際に男女がどうセックスまでの行為に向き合うのか、相手の気持ちをどう確認するかなど、性的同意などセックスに至る前については一切ふれられなかった。

生物学的に断面に見える女性器のどこの管を通って受精するかという話よりも、どういうふうに実際にコンドームをつけるか、相手とどうコミュニケーションするかの方がずっと必要だったのに、と今なら言える。

性教育があった日に配られたナプキンの試供品を、控えていた臨海学校に持っていくようにと先生に言われた。生理用パンツは各自持ってくるようにと。私は親にイトーヨーカドーでシマシマのものを

ねだって買ってもらったが、初潮が遅かったので結局そのパンツは使うことなくどこかへいった。

隠さなきゃいけないこと？

小学校高学年になると生理が始まっていた友達もいた。恥ずかしそうにポーチをトイレに隠すように持っていく。初めて教室でナプキンをもらったあの日、隠すようにと教えられただろうか？ 記憶はない。でも、友人たちは生理用品を袖に隠すようになっていた。ドラッグストアやスーパーで生理用品を買うと決まって紙袋に隠して入れてからスーパーの袋に入れられる。外部でも隠されなきゃいけないことなのだ、と遠回しに言われている。子どものオムツは隠さないのになんでだろう。それが茶色い紙袋に入れられたりすると、私はアメリカの路上でアルコールを隠れて飲んでいる人を思い出してしまう（アメリカでは路上で飲んではいけないという法律がある地域があるので、人は、あからさまに隠しながら飲むのだ）。

一方でテレビを見ていると生理用品のコマーシャルがよく流れる。そのくせ血の色はドスのきいた真っ赤な色とはほど遠い、透明でさらさらな青い爽やかな液体に置き換えられる。念のために書いておくが、私たちは青い血なんて流したりしない。

女性達は毎月、真っ赤な血を流しているのだ。そのせいで貧血にもなる。もちろん症状は人それぞれだけど、腹痛で何も手につかなくなったりする。毎月やってくる痛みに耐えなくてはいけない。生理前はPMS（Prementrual Syndrome／月経前症候群）でイライラしたりする。集中力も下がり、やる気がなくなる。そのうちに、ちょっとしたことでパートナーと喧嘩。相手から「もしかしてもうすぐ生理か

伊藤詩織
映像ジャーナリスト

もね？」と言ってくるようになり、言われてからPMSだと気付いたことも多々あった（全然生理前じゃない時に言われたらすごく頭にきたりする）。もっと早くPMSについて知っていたらすぐイライラしてしまう最低な人間だと落ち込む時間も少なかったかもしれない。

教えられない現状

私は、時間を巻き戻すことがあるなら、手を挙げて「なぜあの時、男女別々にしたのか」と先生に聞きたい。性教育の時間があったあの日。隣の教室に分けられていた男子達は何を学んだのか、ずっと疑問に思っていた。別々にされたけど、彼らは生理についてどこまで教わったのだろうか。彼らが教わって、女子達が教わらなかったことってなんだろう？

あの時は、何を学ばなかったのか、知らなかったのか、わからなかった。もちろん中には家庭で教育されている子どももいるだろう（古いデータだが、2007年の内閣府の調べで、家庭内で性教育をしているのは23％という統計がある）。でもこれはごく一部だ。学校で教えられないということは、性教育は独学なのだ。子どもたちにテキストブックがない代わりに、学ぶのはインターネット、アダルトビデオや漫画、SNS、友人や知人からだろう。特にアダルトビデオには暴力的なものも含まれていたりする。

しかしそんなジレンマがあったとしても、それを生徒たちに教えることが難しくなっているのも現状だ。2018年には「性交」「避妊」「中絶」という言葉を授業内で用いた東京の区立中学校に対し、都議会議員が「学習指導要領に記載された内容を超えて不適切な指導である」として批判、その後、都教委が区教委を指導するといったことが起きた。この３

ワードは私たちが避けて通れない、私たちの性と向き合う上で最も大切なことにもかかわらず、一体何が不適切だったのか。

文部科学省による『中学校学習指導要領』を参照すると、以下のような記述がある。

「妊娠や出産が可能となるような成熟が始まるという観点から、受精・妊娠を取り扱うものとし、妊娠の経過は取り扱わないものとする。また、身体の機能の成熟とともに、性衝動が生じたり、異性への関心が高まったりすることなどから、異性の尊重、情報への適切な対処や行動の選択が必要となることについて取り扱うものとする」（『中学校学習指導要領（平成29年告示）』「第2章　各教科　第7節　保健体育」より）。

日本産婦人科医会が提示している2016年の18歳までの妊娠出産数は2,897名、中絶数は3,747名、14歳までの妊娠出産数は46名、中絶数は220名だ。

現在の日本の刑法では性的同意年齢が13歳とされている。ランドセルを卒業した途端、いくら性行為について知識がなかったとしても、性行為が何かについて理解し、性的同意が取れる年齢とされてしまう。寝た子を起こさないまま、必要な教育を与えずに、13歳という年齢が過ぎたらあたかも自動的にそのことが理解できているかのようにされる。日本の刑法は子どもを守るものではないのだろうか。

2022年、日本では成人と定義される年齢が18歳に変わり、これまで結婚できるとされていた年齢が女性16歳、男性18歳だったのがどちらも18歳になった。結婚ができるのは18歳なのに性的同意が取れるとされている13歳以降はいつでも母親になれてしまうのだ。性行為に同意できるとはそういう可能性もあるということなのだ。現に46名の女子が14歳になるまでに母親になっているのだ。義務教育だって終わっていないのにもかかわらず。

性的同意について教えられてこなかったということは、私たち大人もしっかりと学ばなくてはいけないのだ。今の刑法には性的同意について言及されていないので、レイプを定義するには被害者がいかに暴行・脅迫を受けたのかを証明しなくてはいけない。スウェーデンにあるレイプセンターによると、性被害を受けた約7割が恐怖のあまり擬死状態になるという。体が固まってしまうのだ。このようなエビデンスがあっても、いまだに刑法は変わっていない。

私は個人的に性被害を受けた直後、25歳になっていたのにもかかわらず、どうしたら良いのかわからなかった。半ば反射的に自宅に直行で戻り、体を何度も何度も洗ってしまった。もし、そのような被害を受けた後、SARCのようなワンストップ支援センターに電話すれば身体についた証拠なども含め検出することができ、モーニングアフターピルをもらいに行くなど、動くことができただろう。

私は、性暴力は夜道で知らない人から行われるものだと思っていた。知っている人はそんな酷いことはしないのだと心のどこかで信じていた。しかし、実際には犯行の8割近くが顔見知りの犯行である。私の信じていたことは「強姦神話」と呼ばれるものだった。学校で、性暴力が起きてしまった時、どうしたらいいのか教えておいてほしかった。性暴力のリアリティーはどういうものなのかについても。

世界での教育

生理用品のユニチャーム（そういえば私が性教育で別々の教室に分けられ時に手渡されたパステルカラーの柔らかいケースに入れられた生理用品もユニチャームの試供品だった）のホームページでは世界の性教育を紹介している。その一部を引用させてい

ただきたい。

●アメリカ

「43分の授業が年に45回組まれ、外部から講師を招くケースもあります。ゲーム的な作業や映画を見るなど、多くの手法が用いられます。さらに、性暴力や性的虐待を受けた場合に警察での事情聴取や法廷で証言できるように、幼稚園から高校までの間に（障がい者教育においても）性に対する正しい用語を年齢に応じて学習させています。また、アメリカでは高校生になると、部活動の一環として性的マイノリティの方と異性愛者が定例会やイベントを計画して公共の場で活動しています。」

●オランダ

「性に関する情報がテレビやインターネットから簡単に得ることができるため、思春期を待っていては遅いとの考えから、小学1年の5歳から性教育を実施する学校があります。そのため、思春期を迎える前の時期から、性は食事や睡眠と同じように日常生活の一部であり、ごく自然で当たり前のことだと教えられます。小学校によっては高学年でバナナを使って実際に避妊具を被せる実習を行うこともあるようです。13歳以降になると、性感染症の予防や性行為そのものについて大切なこと、性交渉から妊娠・出産を含む過程、避妊の方法、同性愛など性の多様性を学びます。オランダの多くの親は10代での性行為を容認しており、ごく自然に家族団らんの場で性の話が出ることがあるそうです。このように、オランダの若者は性に関する十分な知識を身につけているため、10代の出産率と中絶率が世界の中でも極めて低くなっています。」

●タイ

「性産業が盛んで、1990年代にHIV感染者が爆発的に増えたタイでは、2006年以降、保健体育の一

●Profile

いとう・しおり　1989年生まれ。BBC、アルジャジーラ、エコノミストなど、主に海外メディアで映像ニュースやドキュメンタリーを発信している。2020年米TIME誌の「世界で最も影響力のある100人」に選出される。国際的メディアコンクール「New York Festivals 2018」では制作したドキュメンタリー『Lonely Death』（CNA）と『Racing in Cocaine Valley』（Al Jazeera）が2部門で銀賞を受賞。性暴力被害についてのノンフィクション『Black Box』（文藝春秋）は本屋大賞ノンフィクション部門にノミネートされる。第7回自由報道協会賞では大賞を受賞し、9ヶ国語/地域で翻訳される。2019年ニューズウィーク日本版の「世界が尊敬する日本人100」に選ばれる。

部として性教育が行われています。性の発達や対人関係、性行動など6つの柱からなり、生物学的な観点からだけでなく、人権の視点にも立つ内容で構成されています。教える側の教師たちに保守的な考えが根強いことや、若者の性の現状と性教育の内容にギャップがあり、なかなか関心を持ってもらえないという現状があるようです。」

　様々な取り組みがされているが、性教育の世界的な水準を推進するユネスコの国際セクシュアリティ教育ガイダンスによると、遅くても5歳から性教育を始めることが推奨されている。はじめは性器の名前を正しく覚えるなどだ。もしも子どもが被害を受けた時、正しい呼び名や自分の体のバウンダリー（境界）について知らなければ、大人に助けを求めたり報告したりすることもできないからだ。

　取材で訪れた西アフリカ・シエラレオネのレイプクライシスセンターで出会った母親は、4歳の娘にプライベートゾーンを教えようと「水着で隠れる場所はあなたの大切な体の場所なの。もしも誰かがここを触ろうとしたらお母さんに教えてね」と言った時に、わが子が夫から性暴力を受けていたことが発覚した。性器の名前をよく知らない子どもはクマのぬいぐるみを使い母親に伝えた。

　国際セクシュアリティ教育ガイダンスの中、包括的性教育が推奨されており、それは8つのキーコンセプトで構成される。

1．人間関係
2．価値観、人権、文化、セクシュアリティ
3．ジェンダーの理解
4．暴力と安全確保
5．健康とウェルビーイング（幸福や喜び）のためのスキル
6．人間の体と発達
7．セクシュアリティと性的行動
8．性と生殖に関する健康

　これらは子どもたちのウェルビーイング（心身と社会的な健康を意味する概念）や尊厳の実現を軸とし、個々が尊重された社会的、性的な関係を育てていくこと、ジェンダーのグラデーションを知り、自らを理解すること、子どもたちが自分たちの権利を守るということを理解すること、そして自身のいろいろな選択が自分や他者のウェルビーイングにどう影響するのかを考える、命そして人生の学びだ。

　どんな教科でも言えるように、「知ることはパワー」なのだ。私はこの命の学びが大人になってからも、社会に出てからも大きな役割を果たしていくと信じる。学校現場で教えることが難しかったら外部から講師を招いたりするのはどうだろうか。それができなくても、「性教育YouTuber」として発信しているシオリーヌさんのコンテンツを生徒に見せる、紹介するのもおすすめだ。

　私たちにはみな正しく知る権利があるのだから。

玉置崇の
教育放談
［第3回］

多くのエピソードが
話題にのぼる
職員室こそ本物

岐阜聖徳学園大学教授
玉置　崇

 事業成果は数字では示せない

　教育委員会指導主事を務めていたときに、議員からの指示を拒否したために、強い指導を受けたことがあります。それは「きめ細かい教育推進事業」の担当者であったときです。

　この事業を進めるにあたって、教員数を増やすことが議会で決定されました。特に強く働きかけをしてくださった議員にお礼に伺った時のことです。その議員が私に、「どれほどきめ細かい教育が進んだのか、1年後に数字で報告してください」と言われたのです。

　このようなことを言われると思ってもいませんでしたので、動揺して、相手が議員であることも十分に考えず、「事業成果を数字で報告するのは無理です」と言ってしまいました。

　議員は、私が「はい、わかりました」と返答すると思っておられたのでしょう。ところが「無理です」と発したために、激しい口調で次のように叱られました。

　「あなたは教育行政をまったくわかっていない。どのような事業でも、その成果は数字で表すものだ。人が増えたことできめ細かい教育が○%進みましたと報告することは当然のことだ。もっと勉強したまえ！」

　頭を下げるしかないと思い、「申し訳ありませんでした」と謝りましたが、実は無理だという考えを変えたわけではありませんでした。

 学校現場はエピソードで語るべき

　私は、大方の教育の成果は数字（エビデンス）で表すことは難しいことだと思っています。しかし、

■profile■
たまおき・たかし　1956年生まれ。愛知県公立小中学校教諭、愛知教育大学附属名古屋中学校教官、教頭、校長、愛知県教育委員会主査、教育事務所長などを経験。文部科学省「統合型校務支援システム導入実証研究事業委員長」「新時代の学びにおける先端技術導入実証研究事業委員」など歴任。「学校経営」「ミドルリーダー」「授業づくり」などの講演多数。著書に『働き方改革時代の校長・副校長のためのスクールマネジメントブック』（明治図書）、『先生と先生を目指す人の最強バイブル　まるごと教師論』（EDUCOM）、『先生のための「話し方」の技術』（明治図書）、『落語流　教えない授業のつくりかた』（誠文堂新光社）など多数。

成果はエピソードであれば示すことはできると思うのです。むしろ、具体的なエピソードで教育の成果を示すことこそ重要だと考えています。

「Aさんは、振り返りの中で、今度は同じ作者の違う本を読んでみたいと書きました」とか「Bさんは、自ら、計算の正答目標を決めて、毎日挑戦するようになりました」などといったエピソードを聞けば、子どもが主体的になってきていると信じることができます。「CさんとDさんは、二人で相談する中で、それぞれの考えの足りないところを指摘し合っていました」とか「EさんとFさんは、何度も対話を繰り返して、実験の結果を二人とも納得できる表現にしました」などと報告を受ければ、真の対話ができる子どもたちが育ってきたなと確信することができます。

こうした具体的事実こそ、学校現場は重要視すべきです。

育てたい子ども像を具体的な姿で語ることができること

そこで、この機会に目指す子ども像を明確にしているか振り返ってみましょう。

例えば、教育目標の一つを「深く考え進んで学ぶ子ども」としていたとしましょう。深く考える子どもの具体的な姿を各教員がイメージしていなければ、目標は単なるお題目に過ぎず、具現化することはできません。

「一つの考えで満足することなく、他の考えはないだろうかと多角的に考えようとする姿」「このことはこの場面だけではなく、他の場面でも言えることなのだろうかなど、多面的にとらえようとしている姿」などと、明確にイメージしていることが大切です。授業の中で、そのような子どもがいたときに、「このように考えたことはとても素晴らしいこ

とです」と価値付けができます。

授業を見て助言する立場からすると、あの子どものあの発言は、まさに授業の目標に達している証なのに、なぜ教師は大いに賞賛しないのだろうかと残念に思うことがあります。授業後、その教師にこのことを伝えると、教師自身が授業の目標が達成できたときの子ども像を具体的に持っていないことが多々あります。

こうした経験から、指導案を見せてもらったときには、「この授業が大成功したら、子どもはどのようなことを発言したり、書いたりするのですか？」と問うことにしています。

エピソードが行き交う職員室にしよう

GIGAスクール構想が始まって2年が過ぎようとしています。職員室では、端末を使ったことで現れた子どもの変化が語られているでしょうか。「社会の授業で、端末を使ってこのようなことまで調べて発表した子どもがいました」「端末に入力した学級全員の考えを見ながら、指示をしなくても分類したり、まとめたりする子どもが出てきました」「端末を使って、アンケートを作って調査して、学級の課題を示してくれた子どもがいます」など、様々なエピソードが行き交う職員室となっているでしょうか。

GIGAスクール構想が具現化している学校は、このようなエピソードが日常的に行き交い、教師同士が良い意味で刺激し合い、学び合っています。端末の週における稼働率調査をして、その数値の変化を捉えることも確かに大切ですが、その数値だけでは、GIGAスクール構想が真に具現化しているとは言えません。教育の成果は子どもの姿に現れます。そうした子どもの姿を職員室で気軽に伝え合い、共に喜び合える職員室でありたいと思います。

いい授業の二つの要件

上智大学教授
奈須正裕

授業の基本構造

本連載のタイトルは「"普通にいい授業"を創る」ですが、いい授業とはどのようなものでしょう。この問いに答えるべく、あらためて授業の基本構造を確認しておきましょう。

授業とは、子どもが何らかの活動をすることです。資料を読み込む、予測を実験で確かめる、お互いの考えを聞き合う、旋律に身体をゆだねるなど、子どもたちは授業で多様な活動に取り組みます。教師から見れば、どのような活動を組織するか、これが授業づくりにおける大問題なのですが、では、どのような活動がいい授業を生み出すのでしょうか。

同じ活動をするなら、子どもが是非ともやりたいと願って取り組む方がいいでしょう。やりたくもないのに嫌々やる活動ほど、不幸なものはありません。その意味で、いい授業の第一の要件は、子どもにとって意味のある活動であるということに尽きます。

とはいえ、子どもが願う活動を行いさえすればよいというわけではありません。ただ楽しい活動をしているだけで、みるべき育ちがないようでは、授業とは言えないのです。

授業とは、子どもの現状を起点とし、何らかの意味でさらによりよく育つことに資する教育的価値の実現を目指す営みです。この教育的価値を、授業づくりでは内容と呼び慣わしてきました。学習指導要領の各章に示された内容はその典型であり、最優先で実現が目指されるべきものです。このように、いい授業の第二の要件は、教師からみても価値のある内容が子どもの内に実現される、ということです。

あれかこれかの思考こそ落とし穴

ここで「二つのうち、いずれがより重要か」あるいは「いずれを優先させるべきか」を知りたいと考える人は少なくないでしょう。しかし、この問いは危険です。したがって、もし誰かに問われたとしても、答えようとしてはいけません。なぜなら、この問いに答えようと思案すればするほど、あなたの思考は二つの要件をあれかこれかという発想で天秤にかけ、いずれかの充実が自動的にもう片方の断念を余儀なくする、それも反比例の関係でそうなるとの観念に支配されてしまうからです。

たとえば、かつて「学力低下」を心配する人の多くが「内容の定着こそ重要である。そのために

なす・まさひろ　1961年徳島県生まれ。徳島大学教育学部卒、東京学芸大学大学院、東京大学大学院修了。神奈川大学助教授、国立教育研究所室長、立教大学教授などを経て現職。中央教育審議会初等中等教育分科会教育課程部会委員。主著書に『子どもと創る授業』『教科の本質から迫るコンピテンシー・ベイスの授業づくり』など。編著に『新しい学びの潮流』など。

は、子どものやりたいことなんかさせている場合ではない」と断じました。授業である以上、内容の定着が重要なのは論を待ちません。しかし、なぜ「そのためには」子どもにやりたいことを断念させなければならないのでしょうか。

あるいは、生活科の授業などで「子どもがあんなに目を輝かせて活動しているのだから、もうそれだけで十分。その先でどんな内容が身に付くかなんてことは、あの目の輝きに比べれば些細なことでしょう」といった声を聞くことがあります。自分にとって意味のある活動をしている時、子どもは目を輝かせますし、それ自体は尊いのですが、それをもって内容の定着を些細なことにおとしめる論拠など、どこにも見当たりません。

これらはすべて、授業づくりの二つの要件を、あれかこれかで考える思考に起因しています。そして、この問いの立て方こそが間違っているのです。

授業とは活動と内容の二つの要素からなり、活動は子ども側の都合、内容は教師の都合と関わりがあります。したがって、両者の間に折り合いをつけるのは簡単ではありません。しかし、少なくとも理念的には独立な事象ですし、十分に両立します。

それどころか、授業づくりとは活動と内容の折り合いをつける、それもできる限り高度な水準でつけることを課題とした営みでしかないとも言えるのです。たしかに困難でしょう。しかし、困難であるからこそ、さまざまな角度から研究するの

ですし、教師人生をかけて取り組む価値があるのではないでしょうか。

実際「あの授業は本当にすごかった」と、あなたが感銘を受けた授業を思い出してください。それは必ずや、わくわくするほどに子どもにとって意味のある活動を含んでいたでしょうし、それを通して教科の本質に迫るような勢いで、教師から見ても価値のある内容を、しかもおどろくほど高度な水準で実現していたのではありませんか。

いい授業とは、子どもにとって意味のある活動を通して、教師から見ても価値のある内容を実現する授業です。そして、活動が子どもにとってより楽しく、切実であればあるほど、また実現される内容の深み、広がり、強さ、高さが増せば増すほど、いい授業だと考えたいのです。何とも単純な話ですが、こんな単純なことすら自覚できていない、教師間で共有できていないから、結構な骨折りにもかかわらず、いっこうに上手にならないのです。

むしろ、この単純な原理さえしっかりと頭に置き、日常的に授業づくりの営みを吟味していけば、授業はみるみるよくなり、校内研究は着実に深化します。指導案検討であろうが、授業分析であろうが、授業中の軌道修正であろうが「今この子にこの活動を行う必然性はあるか」という問いと「ここで実現が見込まれる内容は今のこの子にふさわしいものか」という問い、この二つだけを発し続け、それへの応答に即して歩みを進めていきさえすれば、自ずといい授業への道は開けてくるでしょう。

対面とオンラインのハイブリッド型
ワークショップに挑戦する

「皆さんは、新たなワークショップ研修に挑戦する同志だ！」

　お盆直前に実施された福島大学人間発達文化学類附属学校臨床支援センター主催の教職員研修講座「0から学ぶワークショップ型教員研修」において、複数のテーマ・手法のワークショップを対面とオンラインのハイブリッド型で行うという「月面宙返り」のような超高難度のワークショップに挑戦した。

　複数のテーマ・手法のワークショップを同時並行で行う経験や、前回の連載で紹介したように協働学習支援ツールとZoomを併用してオンラインワークショップを行った経験はある。しかし、複数のテーマ・手法のワークショップを対面とオンラインを並行して行うハイブリッド型ワークショップは初めてである。本講座企画担当者の宗形潤子教授の「コロナを心配された方にも、この研修に参加してほしい」との願いも叶えるために敢えて挑戦した。

　筆者にとっても未知の領域である。ワークショップに関しては百戦錬磨で（ドラマ『ドクターX』の大門未知子風に）「私、失敗しないので！」と自信をもって言えるが、今回だけはトラブルは避けられないかもしれない。講義の冒頭で参加者に「複数のテーマ・手法のワークショップを対面で行うこと、オンラインのワークショップを行うことの経験はありますが、その両方を同時並行で行うハイブリッド型は初めてです。本邦初だと思います。新たなワークショップに挑戦する、皆さんは同志です！」と熱く語っておいた。参加者を鼓舞するだけでなく、実はここだけの話、「失敗した際のダメージを軽減す

るための秘策・伏線」でもあった。

ワークショップ研修成功の鍵

　ワークショップの成功の鍵は「入念な準備」である。準備が不十分だと綻びが生じ、参加者の満足度は低下する。今回は感染対策を十分に行う必要があり、オンライン参加者もいたので、さらなる工夫が求められた。事前に考え用意したものとして（一部）、

①参加者のニーズに合ったテーマを設定する（宗形教授が事前に希望調査を行っている）
②参加者の興味関心やニーズにより研修テーマを選択できるようにする
③適正人数でグループの編成をする（筆者の経験では、最大7名、最小3名）
④各研修テーマに合った分析シート（いわゆる「思考ツール」のようなもの）を用意する
⑤各研修テーマのゴールイメージ（どのような成果物ができればよいのか）とプロセスイメージ（そのために、どのように付せんの色を使い分け、どのようなことを書き、どのように話し合い、整理していけばよいか）を具体的に示す（全員に対する講義の中で、今回の研修テーマに関する過去の事例の写真を示している）
⑥オンラインのグループには、事前にZoomのIDや協働学習支援ツールのパスワード等を伝えておいた。また、④の分析シートを協働学習支援ツールの中に貼り付けておいた

　本研修では、45名が参加し、内10名がオンライン参加であった。研修テーマは、「A：地域素材の教材化」（対面1グループ、小中高混成）、「B：主体的・対話的で深い学びの授業づくり」（対面3グループ、学校種別）、「C：ICTの活用」（対面1グループ・オンライン2グループ、学校種別）、「D：校内研修の活性化」（対面2グループ、学校種別）の4テーマ9グループの編成となった。各グループに指導主事や大学院生（現職と学卒）が入った。

村川雅弘
甲南女子大学人間科学部・教授

テーマに合った分析シートの工夫

　各研修テーマと手法について、具体的に紹介する。
　「Ａ：地域素材の教材化」では、模造紙上でウェビングを行った。主として「総合的な学習/探究の時間」の教材研究に関わるワークショップである。通常は当該学校の校区内の地域素材を「キーワード」として真ん中に置くが、今回は県内全域の小中高の教員からなるグループだったため、中心素材から検討していると時間がかかると考え、福島県が生んだ偉人「野口英世」を筆者から提案した。参加者の高校数学教師は中央に野口英世を描き、グループの士気を高めていた（写真１）。
　このグループの参加生の一人は事後アンケートで「実際に総合の教材（野口英世）をもとに、どのような教材であり、教える価値、意義があるのかをワークショップで教材研究することができ、教材の捉え方、そこから年間計画を立てるきっかけを掴むことができました。県内各地の先生方と具体的な実践について話すことができてよかった」と述べている。
　「Ｂ：主体的・対話的で深い学びの授業づくり」では、横軸を「主体的な学び」「対話的な学び」「深

い学び」、縦軸を「子どもの姿」「教師の手立て」とした模造紙大の「マトリクスシート」を用意した（写真２）。「あなたがこれまで行った授業や参観した授業の中で、これが主体的な学びの子どもの姿と思えることを水色の付せんに書き、そのような姿を引き出すためにとっていた手立てを桃色の付せんに書いて、整理・構造化を行ってください（他の二つの学びも同様）。姿と手立ての関係や三つの学び間の関係は線や矢印で表してください」「その際、付せんを黙って勝手に貼らないでください。言葉に出して貼りながら、他の人は『私も同じようなことを書いたのですが』とか『ちょっと違いますがいいですか』など言って、皆で協議しながら貼っていってください」と述べた。他のテーマも共通である。
　「Ｃ：ICTの活用」では、「端末が有する機能を活用してどのような学習活動を行っているか、考えられるか」を付せんに書いて整理した。筆者が示した「文書作成」「データ処理・グラフ化」「情報検索・地図検索及び活用」「写真の撮影・表示・編集・蓄積」「動画の撮影・表示・編集・蓄積」「プレゼンの作成・提示」「オンラインによる意見交換」「学習履歴の蓄積と学びの振り返り」の八つの機能に関して、それらの機能を活用した学習活動を書き出し、

写真1

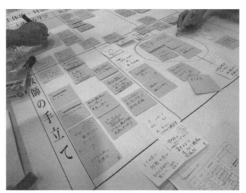

写真2

整理・共有化を行う。対面グループでは、「個人」（黄色）、「グループ」（水色）、「一斉」（桃色）と付せんの色を使い分けていた。

オンライングループは、Zoomのブレイクアウトルーム機能とJR四国コミュニケーションウェアの協働学習支援ツール「コラボノート」を活用して、二つのグループに分かれてワークショップを行った。オンライン参加者の一人は事後アンケートで「丁寧なご説明とコラボノートの活用で、スムーズに行うことができました。回線が不安定な方もいらっしゃいましたが、できる範囲で協力してお話できたので、大変有意義な時間でした。」と述べている。

「D：校内研修の活性化」では、「研修プランシート」[1]を模造紙大（実際はその倍以上となった）に拡大し活用した。「協働で開発する研修テーマはグループで決めてください。近い内に校内研修を行う予定の方が、その旨を伝え、皆で開発する方が、開発したものが有効活用されるのでいいですよ」と促した。

研修の構成の考え方やその具体も学ぶ

筆者はワークショップ型の研修を行う際は、「ワークショップの考え方や方法を理解し体験するだけでなく、その研修自体の考え方や進め方等も学んでください」と伝える。机の配置やグッズの準備、グループの編成、研修全体の構成、スタッフの突発的なことへの即時的な対応等々である。参加者は校内研修の企画・実施者になるだけでなく、指導主事としてセンターの集合研修の企画・実施に携わっていく可能性が大きい。前回紹介した前任校の鳴門教育大学教職大学院の授業「ワークショップ型研修の技法」でもそのことを常に念頭において行ってきた。

今回の研修の流れは以下の3時間30分である。

①「オープニング」（5分）、②講義「資質・能力の育成を目指す令和の日本型学校教育と授業づくりを実現する研修づくり」（「コラボノート」の解説含む）（90分）、休憩（10分）、③ワークショップ「多様なワークショップ体験（対面＆オンライン）」（スパイタイム含む）（70分）、④発表・共有化（20分、各チーム2分程度）、⑤講評（10分）、⑥クロージング（5分）

②の講義の中では四つのワークショップのゴールイメージとプロセスイメージを全員に伝えている。自分が経験するワークショップの理解にとどまらず、本研修で行われる全てのワークショップの意義や方法を理解するためである。当然、最後の成果物の発表での相互理解が高まる。

また、オンライングループが使用する協働学習支援ツール「コラボノート」に関するJR四国コミュニケーションウェアの藤沢宏茂氏による解説は、筆者の講演の最後の部分で対面の参加者にも聴いてもらった。オンライングループがどのようなツールを使ってワークショップを行うのか、その様子や成果物を理解する上で必要と考えたからである。

③のワークショップの中では「スパイタイム」（概ね成果物の完成が近づいた頃に、ワークショップをいったん中断し、順番に他のグループのワークショップの様子を見に行く）も設けた。各研修テーマのワークショップのプロセスを理解する上で重要な活動である。オンライン参加者のワークショップの様子も常時スクリーンで提示していたので、その様子を撮影する姿もみられた（写真3）。

④の発表・共有化は、Aから順番に2分程度行った。どのグループも熱く語り、研修全体が少し伸びてしまった。講演主体の研修では無論のこと、ワークショップ型の研修も時間を管理して進めるので時間通りに終わることがほとんどである。延長してしまうとしたら各グループの成果発表の部分である。発表グループの数を絞るとか、ゆとりを持たせて設

●Profile
むらかわ・まさひろ　鳴門教育大学大学院教授を経て、2017年4月より甲南女子大学教授。中央教育審議会中学校部会及び生活総合部会委員。著書は、『「カリマネ」で学校はここまで変わる！』（ぎょうせい）、『子どもと教師の未来を拓く総合戦略55』（教育開発研究所）、『ワークショップ型教員研修 はじめの一歩』（教育開発研究所）など。

写真3

定することが求められる。⑤の講評（10分）で調整を図ろうと考えていたのは甘かった。特に、オンライン参加者の通信トラブルの解消に時間を有したことが全体の若干の時間延長につながった。

対面グループの発表の様子は、Zoomにつないだパソコンで撮影し、オンライン参加者に発信した（写真4）。また、オンライングループの「コラボノート」を活用して作成した成果物の発表もZoomを通して対面参加者に発信した（写真5）。

研修全体の構成に関して、ある参加者は事後アンケートで「頂いた文章にもあったように、参加者の知識が少ない場合には、講演等を行うことで十分にインプットしたうえで、WSを行うことが望ましい

ということでしたので、まさにそのような設計になっていたと思いました。一人では行き詰まってしまうことも、複数集まることで考えが出てくる上、出てきた考えからさらに思考が深まることがあり，有意義だった」と述べている。

実施5日後時点のアンケート（回答25名）では、講演に関しては満足度100％（内、「大変満足」は72％）、ワークショップに関しては満足度96％（内、「大変満足」76％）であった。

ある参加者は事後アンケートで「ハイブリッドでの開催ということで、隔地からの参加が容易になるなどの利点があり、今後も有効なのではないかと思いました。実際にどんなふうに行うのかを体験できてよかったです」と述べている。参加者のネットワークトラブルの対応等で研修の進行が止まる場面が何度かあったが、概ね高い評価を得ることができた。筆者自身もワークショップ型の研修に関して新境地を開くことができた。

[注]
1　村川雅弘『ワークショップ型教員研修 はじめの一歩』教育開発研究所、2016年、「研修プラン（書式）」p.145

写真4

写真5

「深い学び」に向かうプロセスと手法を追究

新潟市立浜浦小学校

Lead

「深い学び」を実現させる授業づくりを――。新潟市立浜浦小学校（齋藤純一校長）は、学習指導要領が求める「深い学び」を、子どもの姿を通して明らかにする挑戦を続けている。「問い」「かかわり」「振り返り」をもとに質の高い学びを目指す同校の取組を紹介する。

「深い学び」に焦点を当てた実践研究

現行学習指導要領が求める「主体的・対話的で深い学び」。イメージしやすい「主体的」「対話的」に比べ、いまだ多くの学校で苦心しているのが「深い学び」だ。学習指導要領が目指す資質・能力の育成につながる「深い学び」とはどのようなものなのか。そこに切り込んだ研究に取り組んでいるのが新潟市立浜浦小学校である。

同校の研究主題は「すべての子どもが学ぶ喜びをもつ授業づくり」。その副題に「『かかわる』『学びを深める』子どもの育成を目指して」とある。「思考力を働かせてかかわりながら、学びを深める」授業づくりを目指しているという。

同校では、子どもたちに求められる学びや力として、①質が高く、深い知識があること、②思考力を働かせながら協調的・対話的に学ぶことが大切であること、③自分の学びを振り返ることが重要であること、という国立教育政策研究所の提示を参考に、①学びの深まり、②かかわり、③振り返り、を授業づくりや学習過程のポイントと捉え、同校が伝統としてきた「学習作文」と呼ぶ振り返り活動を取り入

れた授業を構想している。

そのために、目指す子どもの姿の具体を以下のように設定した。

○主体的に学習に取り組む姿
・全員が学習課題を理解し、「なぜ？」（理由・根拠）「どのように？（方法）などの解決すべき課題を見出している姿。
・興味を持って積極的に学習に取り組む姿
○協働的・対話的に問題を解決しようとする姿
→「かかわる姿」
・課題を見付ける場面や学習課題の解決において、他者との対話を通して解決の見通しをもったり、「学びを深め」たりする姿
○学びを自ら振り返って「学びの深まり」を自覚したり、知識の構造化や関連させたよさを自覚したりする姿

この目指す子どもの姿は、同校の学習過程そのものを表している。つまり、深い学びの入り口になる「問い」を起点に、「かかわり」を通して課題解決を図りながら、新たな知を構造化していく深い学びに誘い、最後には自らの学びをメタ認知するといった学習サイクルが示されているといえる。

この子どもの姿を拠り所に、深い学びに向かう様々なアプローチを開発しているのが同校の実践だ。

齋藤純一校長　　　　小林隆史研究主任

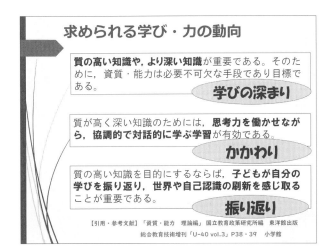

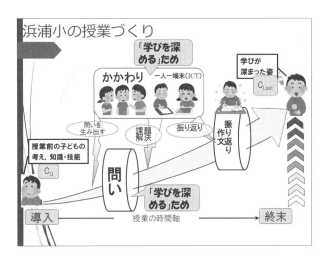

「深い学び」に向かう
「問い」「かかわり」「振り返り」

　浜浦小の授業は、主に「問い」「かかわり」「振り返り」といった学習過程からなる。オーソドックスな流れだが、一つ一つの学習過程を「深い学び」に向かうプロセスとして丁寧に取り組んでいるところに特色がある。

　例えば、授業前の子どもの学習実態を見取り、単元や本時の中で、学びが深まった姿を明確に想定する。その姿に向かうため、子どもの心を揺さぶり、①質の高い「問い」を引き出し、②「かかわり」の

かかわりから深い学びへの多彩なアプローチが生まれる

中で多様な意見や考えを交わさせ、それらを構造的に再構成したり、つなぎあわせていきながら、子どもたちの中に新たな知を獲得させる。③そして、振り返り作文によって自らの学習をメタ認知させながら、子どもたちの学びの深まりを読み取っていくのだ。

　この学習過程は、同校のスタンダードとなっており、どの教科でもおおむねこうしたプロセスをたどっていく。「問い」も「かかわり」も「振り返り」も、学びが深まった姿に到達させるためのベクトルとしてつながっている。

　具体的な授業からみていこう。

自分事の「問い」をつくる

　6年算数「ならべ方と組み合わせ方」では、順列で学んだ知識に揺さぶりをかけ、切実な「問い」を引き出す工夫を行った。

> ①白・赤・青・黄の絵の具があります。ここから2色選んで、色をぬります。何通りになるでしょうか。

　この問題は、順列の授業ですでに学んでおり、並

べ方は12通りということが子どもたちにはわかっている。そして次の課題が提示される。

> ②白・赤・青・黄の絵の具があります。ここから
> 　2色選んで、色を作ります。何通りできるで
> 　しょうか。

　一見同じ問題のように見えるが、「色をぬります」と「色を作ります」、「何通りになる」と「何通りできる」の違いに、簡単にできると思っていた余裕の子どもたちは、既習事項を使うだけでは解決できないことが分かり、いろいろな仮説を飛び交わせながら追求への意欲を高めていく、そして「確かめてみたい」といった集団の「問い」となって、授業にエンジンがかかっていく。

　「授業の前にあらかじめ教師の側から『問い』を想定します。揺さぶりをかけたり、ずれを示したりしながら、子どもたちにとって自分事の切実な『問い』となるよう工夫をしているんです」と研究主任の小林隆史教諭は言う。

　理科や社会では予想と実際の違い、国語では子ども同士の解釈の違いなどを「問い」に向かう材料としていく。教科の特質などを基にして質の高い「問い」に至るプロセスを工夫しながら、深い学びへの入り口を開けていくのだ。

学校の伝統を生かした 「かかわり」と「振り返り」

　思考力を働かせる場面として浜浦小が重視する「かかわり」。子どもたちがアクティブにお互いの考えや意見を交わす協調的・対話的な学びである。

　研究授業などに初めて訪れる参観者が驚くのが、子どもたちのつぶやきの多さ。教室のあちこちで、今取り組んでいる課題について考えや意見が交わされる。中には、「先生、今お話ししていいです

か」と名乗り出て意見を言う子どももいるという。

　それは、同校の伝統となっている学級づくりによ

学級旗。クラスの目標を旗に記す

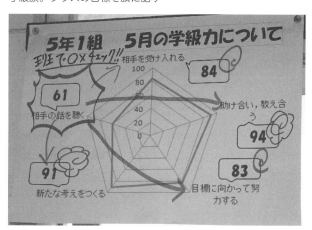

クラスの状態を子どもたち自身で診断

毎月行われるクラスチェック

るものであるようだ。

同校は、かつて特別活動の研究校として学級経営などにも力を入れてきたが、現在でもその伝統は生かされている。

1学期の初めに、全学級で自分たちの学級名と学級目標をみんなで決め、それを記した「学級旗」を作成する。それを教室に掲示し、常に学級目標に向かう意識づけを行い、毎月、目標が達成されているかを学級会で討議、それをレーダーチャートにまとめ、改善策を検討し、次の月の目標としていくといった取組だ。学級づくりのPDCAが子ども主体で行われているのである。こうした取組が、学級の中に協調性や協働性を生み、子どもたちが自己有用感を感じることのできる安心・安全な学級風土をつくっているという。

このことで授業での自由で闊達な発言を生み、教師がそれらをつないだり、構造化していくことによって深い学びに向かっていくことが可能となっている。

また、同校が伝統としてきた「学習作文」も、現在は「振り返り作文」として深い学びに生きている。自分の学びを深める活動として長く取り組んできた作文づくりは、「5分もあればノート半分くらいは書ける」（小林教諭）というくらいに、子どもたちは書くことに慣れてきている。これをブラッシュアップさせたのが「振り返り作文」となった。

例えば、書き出しを指定したり、キーワードを提示したりすることによって、子どもは、考えたこと、友達とのかかわりによって変容したことなど、自分の学びの事実について客観的に書き記していく。それが、子ども自身の学びのメタ認知を促すとともに、深い学びを見える化していくのである。

このように、自校の持ち味を目指す授業づくりに生かしているのも浜浦小の特色といえるだろう。

浜浦小の伝統を生かした「振り返り作文」

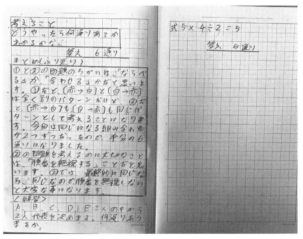

振り返り作文。キーワードの提示や書き出しの指定によって学びの事実が記されていく

深く学ぶための多彩なアプローチ

浜浦小が追究する「深い学び」には、そのアプローチとしていくつかのイメージを描いている。國學院大學の田村学教授が提示している「ネットワーク型」「パターン型」「知識と場面がつながるタイプ」などの類型をモデルに、教科の特質に応じたアプローチを開発しているのだ。

例えば、「子どもが大まかにイメージしている中

様々な角度から知識をつなげる

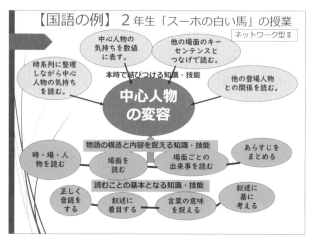

2年生国語。教科により「深い学び」へのアプローチは様々

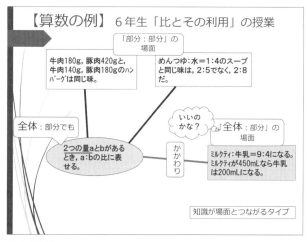

6年生算数

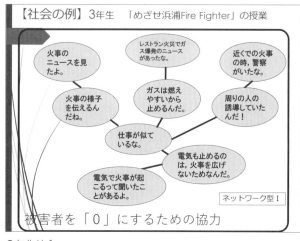

3年生社会

核概念に事実としての知識・技能をつなげて認識の質を高めるタイプ」（ネットワーク型Ⅱ）は、国語の授業に生かされる。「スーホの白い馬」（2年）の授業では、読んだり内容を捉えるための基礎的な知識・技能をベースとして、時系列で読んだり、気持ちを数値に表したり、他の登場人物との関係を読み解くといった多角的な知識・技能をつなげて、中心人物の変容を探っていった。表層的な情報や手段だけでなく、様々な知の技法をつなげて、中心人物の変容の輪郭を浮かび上がらせようとする授業だ。

算数「比とその利用」（6年）では、各教科のある場面で学んだ知識が別な場面でも使えるという気づきを基に、「違った場面にも転用され高度化するタイプ」（知識が場面とつながるタイプ）の授業を行った。「部分：部分」の2つの量が比に表わせて計算もできるという既習事項を基に、「全体：部分」にも同じことができることに気付かせる授業となった。知識が違う角度から見た別の場面ともつながることで、比の本質が理解でき、教科の見方・考え方が深まる取組となっていく。

「個別の知識・技能が結びついたり組み合わさったりして質が高まっていくタイプ」（ネットワーク型Ⅰ）の授業は社会「めざせ浜浦Fire Fighter」（3年）で行われた。最近の火事のニュース、消防車の

●DATA

新潟市立浜浦小学校
〒951-8151
新潟県新潟市中央区浜浦町1丁目1
TEL 025-266-3181

汎用性をもった知識・技能を目指す授業

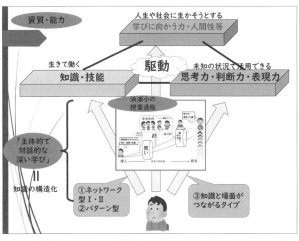

浜浦小が目指す学びのイメージ

活動、警察の臨場、報道機関の活動、ガス会社の仕事など、火事にまつわる事象や仕事調べで得た知識と生活経験から得た知識とがつながり、それぞれの仕事が「被害者を0にするために協力している」という新たな気づきや発見を生み出した。

このように、教科の特質に応じ、様々なアプローチを駆使して深い学びに迫ろうとしているのが浜浦小の取組だ。教科によるアプローチの違いは、「教科の見方・考え方」を育てることにもつながっているようにも見える。

深い学びに向けての手法を様々に開発している浜

浦小だが、今後の課題は、学びの深まりをみとる精度を上げることという。

「そのために今年度は、学習評価に取り組んでいます。思考ツールなども活用して、より確かな深い学びを追究していきたい」と齋藤校長は言う。

小林教諭も、「考えをつなげて構造化できているか、いろいろな考えや事実を関連付けて自分の考えが持てているかといった、授業のねらいと評価がつながるように研究を続けていきたい」とのこと。

浜浦小の「深い学び」への真摯な追究は、これからも続く。

（取材／本誌・萩原和夫）

闊達な発言が学びをつなげていく

たら、自分で作ってしまえばよいということで、私はおりおり、「今日は自宅の風呂にするか、銭湯にするか」といったような、どっちを選んでもハッピーな二択を案出することにしているのです。

この「心浮き立つ二択」のいいところは、たとえば選択肢に「銭湯」を入れている以上、「自宅の風呂」も「銭湯」に匹敵するものにせねばならないという使命感が生まれて、生活の質が向上するという点。銭湯の良さは、なんといっても、のびのびと手足を伸ばして広い湯舟につかれることでしょう。天秤の片方に、この快適を乗せる以上は、自宅の風呂もまた、快適な場所にしなくては釣り合いません。ということで、湯舟は狭いのだけど、そのぶん、好きな香りのバスソルトを入れたり、泡風呂にしてみたり、ちょっと背伸びしてアロマキャンドルを焚いてみたり……と、「自宅の風呂」の重量を増やして、「銭湯」と釣り合うようにします。そこではじめて「悩み」が発生します。「うーん、今日も一日がんばったから、お風呂の時間は充実させたいな、さて、銭湯に行くべきか、自宅で泡風呂にするべきか、それが問題だ」などと苦悩することができる。この「苦悩」は、幸せな苦悩です。

ほ

かにも「晩御飯はカレーにするか、ラーメンにするか」「週末には絵画を観るか、登山に行くか」などなど、「心浮き立つ二択」を人生に増やしていきたいもの。そんな話を友人Sとしていたら、彼曰く、なるほど「銭湯」と「自宅の風呂」は、二択にせざるをえない。一度に別の湯舟につかることは不可能だ。しかし、「カレー」と「ラーメン」はどうか。ある程度の胃腸の強さは必須となるが、同じテーブルに置いて、二つの味を楽しむこともできるだろう。「絵画」

と「登山」は、無理もなく両立できる。週末の日曜日、午前中には絵画に胸を震わせ、午後には登山で汗を流せばよいのだ。

私は虚をつかれた思いでした。美術鑑賞も山歩きも同日にこなせると言い切るSのヴァイタリティにも驚かされましたが、「二択」にこだわる必要はないという彼の意見は思いもしないもの。しかし的を射ています。私はふっと、ある有名な一句を思い出していました。

> 桃食うて煙草を喫うて一人旅
> 　　　　　　　　　星野立子

女性の作る俳句はかつては「台所俳句」などと蔑されたものでしたが、その時代にあって、立子のこの一句はまことに痛快です。何をかいうことなく、桃にかぶりつき、煙草を喫う。好きなことなら両方やってしまうのです。Sも、この豪胆さの持ち主なのでしょう。

二択を楽しむ、などと言っていた自分が、なんとも器の小さい人間のように思えてきました。ようし、これからはちまちましないで、二つでも三つでも、まとめて楽しんでやるぞ！

とまあ意気込んだところで、少食の私は、鯛焼きの頭だけで満足してしまうタチ。分相応な落としどころをさぐることとします。

髙柳 克弘

俳人・読売新聞朝刊「KODOMO俳句」選者

●profile●

1980年静岡県浜松市生まれ。早稲田大学教育学研究科博士前期課程修了。専門は芭蕉の発句表現。2002年、俳句結社「鷹」に入会、藤田湘子に師事。2004年、第19回俳句研究賞受賞。2008年、『凛然たる青春』（富士見書房）により第22回俳人協会評論新人賞受賞。2009年、第一句集『未踏』（ふらんす堂）により第1回田中裕明賞受賞。現在、「鷹」編集長。早稲田大学講師。新刊に評論集『究極の俳句』（中公選書）、第三句集『涼しき無』（ふらんす堂）。2022年度Eテレ「NHK俳句」選者。中日俳壇選者。児童小説『そらのことばが降ってくる　保健室の俳句会』（ポプラ社）で第71回小学館児童出版文化賞を受賞。

「こころ」を詠む　［第3回］

胡桃割る一回きりのひびきけり

克弘

　死ねば野分生きてゐしかば争へり

加藤楸邨

「野分」は秋の季語で、今でいう台風のこと。死んでしまえば、あとかたもなく肉体は消え失せて、野を吹き渡っていく風になってしまう。むなしいものです。かといって、生きていたところで、他人とどちらが偉いとか、お金を持っているかとか、心すりへらす競争にさらされなくてはならない。偉大なるシェイクスピアは、ハムレットに「生きるべきか、死ぬべきか、それが問題だ」と言わせましたが、俳人に言わせればどちらを選んでもそう変わらないよ、というわけ。人生の「選択」には苦しみがついてまわります。でも、「どっちもいいな！」と思えるような選択も、あらまほしきものですよね。だっ

　生や高校生がこのエッセイを読んでいたらガッカリするかもしれませんが……）。そのあたりの人生の機微を、次の俳句はじつによく言い当てています。

　い

きなりですが、東京の銭湯って、高くないですか？　自宅の最寄りの銭湯は、一回五百円。月に十回以上は足を運ぶ銭湯愛好家としては、もう少し抑えてほしいですが、やむをえません。自宅のお風呂か、銭湯か。「心浮き立つ二択」を成立させるための五百円なら、惜しくありません。

「心浮き立つ二択」というのは、私の造語です。日常の中にわくわく、どきどきする選択肢を挟み込んでいこうというのが、ポリシーなのです。

　人生は選択の連続といわれます。「進学か、就職か」「この人と結婚するべきか、否か」「転職するべきか、留まるべきか」など、さまざまな選択を迫られる時があります。でも、こういう二択って、現実的には「どちらが幸せになれるか」というよりも、「どちらを選んでも大変なのだが、どちらがマシか」という選択ですよね（未来ある中学

「教育漫才」劇場

おべんとうばこ

【3組目】バラバラ

埼玉県越谷市立新方小学校長
田畑栄一

たばた・えいいち 「自殺・不登校・いじめのない、子どもたちが生き生きと笑って学べる学校の創造」を目指して、8年前から教育漫才を発案し実践を積み重ねている。温かい雰囲気に学校が変容し、人間関係が円滑になる教育効果を実感し、その魅力を全国に発信している。著書に『教育漫才で、子どもたちが変わる〜笑う学校には福来る〜』（協同出版）、『クラスが笑いに包まれる！ 小学校教育漫才テクニック30』（東洋館出版社）。

ボケ・ツッコミ：「はい、どうも。バラバラです」

ツッコミ：「私の名前は○○○○です」

ボケ：「私の名前は……あ〜おなかすいちゃった」

ツッコミ：「さっき、マック食べに行ったでしょ！」

ボケ：「てへっ！」

ツッコミ：「授業中、行っちゃだめでしょ！」

ボケ：「てへっ！」

ツッコミ：「てへっ！ じゃないでしょ！」

ボケ：「とりあえず、その話はおいといて。『おべんとうばこのうた』歌うので聞いてくれる？ これっくらいの（大きな弁当箱を作りながら）おべんとばこに」

ツッコミ：「ちょっとまって、なんでよれよれなの？」

ボケ：「普段とおなじだもん。てへっ！」

ツッコミ：「てへっ！ じゃないでしょ！ 次こそちゃんとやって！」

ボケ：「これっくらいの おべんとばこに 鮭おにぎり おかかおにぎり こんぶおにぎり これくらいつめて」

ツッコミ：「なんでそんなに欲張るの？」

ボケ：「50個入れるつもりだよ」

ツッコミ：「欲張りすぎ！ バイキングじゃないんだから」

ボケ：「てへっ！」

ツッコミ：「てへっ！ じゃないでしょ！ 3回目しっかりやってよ！」

ボケ：「これっくらいの おべんとばこに おにぎり おにぎり ちょいとつめて きざみしょうがに ごましおふって にんじん、いやー！（リズミカルに投げる真似）しいたけ、いやー！（〃）ごぼう、いやー！（〃）全部まとめてポイ See You.」

ツッコミ：「野菜捨てて『See You』はないかなあ。意味わかんないよ、おかあさん、悲しむよ」

ボケ：「悲しまないよ」

ツッコミ：「あっ、ニュースやっている。（テレビのレポーター）『今、野菜を投げた人は逮捕となります。』確実に○○ちゃんじゃん！」

ボケ：「てへっ？」

ツッコミ：「てへっ？ じゃないよ。もういいよ！」

ボケ・ツッコミ：「ありがとうございます」

❖舞台袖から❖

　今回紹介するのは、横浜市立茅ケ崎東小学校の4年生コンビ「バラバラ」の教育漫才ネタです。今年1月末に、教育漫才を実践されている山崎貴史先生から「4年生の子どもたちの教育漫才を観てもらえませんか」とお電話で相談を受けました。対面も考えましたが、3月上旬はコロナウイルスが猛威を振るっている頃で、オンラインで観覧しました。当日は1組、2組、3組の子どもたちが順番に画面越しに登場し、ネタを披露してくれました。総合の時間で年間を通して「表現」に取り組んでいる成果が表れています。立ち位置、声の張り、間の取り方等、鍛えられた子どもたちの姿があります。一人一人が楽しそうで笑い声が聞こえます。校長先生も子どもたちの姿を笑顔で見つめています。素敵な学校です。「バラバラ」のネタは、「弁当箱というキーワードを軸にした三段構成」です。4年生になると三段落ちの応用バージョンが増えてきます。「マック」でフリを作り、誰でも知っている『おべんとうばこのうた』のリズムに乗って展開するネタ。最初はボケ役のよれよれの動きで一笑い。次に早口で小さな弁当箱にどう考えても入らない数に一笑い。三番目に嫌いな野菜を投げ捨てるという予想外の展開からの野菜投棄問題としてテレビニュースで取り上げ一笑い。SDGsの食品ロスの視点も感じられます。ネタの合間のボケの「てへっ！」とツッコミの「てへっ！ じゃないでしょ！」、この繰り返しこそが、ネタに区切りをつける働きと、笑いを誘う極意なのです。

教師生活が
楽しく
ラクになる

魔法の作戦本部

［第3回］

「子ども好き」でなくてもいい！

明治大学教授　諸富祥彦

　私は、これまで多くの先生方の悩みをお聞きして
きました。「教師を支える会」という会の代表とし
て、月に1回ほど開催するサポートグループで悩み
をお聞きしてきましたし、かつての教え子から悩み
を聞かされることもあります。

　比較的若い先生方からの悩みで意外と多いものの
一つに、「実は、私、子どものことが好きでないの
に、教師になってしまったんです」というものがあ
ります。

　「特に子ども好きでない私、子どもたちとかか
わっていてもそれほどかわいいと思えない私が、教
師を続けているのは、よくないことではないか。悪
い影響を与えてしまっているのではないか」

　「私なんかが教師になってしまったばかりに、ほ
んとうに子ども好きな人が教師になれていないはず
だ。ほんとうは、そんな子ども好きな人に教師に
なってもらったほうが、クラスの生徒たちにとって
も、幸せなはずだ」

　「親から勧められて、教育学部に入ってしまった
から、そして、なんだか同級生たちと同じように教
員採用試験を受けたら、受かってしまったから、教
師になっている。そんな私なんかが、教師を続けて
いて、いいのだろうか」

　こんなふうに罪悪感を抱きながら、教師をしてい
るのです。

　そんな若い先生に、いつもお伝えしているのは
「それでいいんですよ」「子どもを好きでない人が、

教師をしていても、いいんですよ」という言葉です。

　「教師であるのならば、すべての子どもを好きで
なくてはならない」——これは、現実に即していな
い、非合理的な考えです。論理療法というカウンセ
リングの手法では、これを「イラショナル・ビリー
フ」（非合理的な思い込み）と呼びます。

　人間の悩み・苦しみの大半は、この「イラショナ
ル・ビリーフ」へのとらわれから生まれてくるのだ
から、これを粉砕せよ、そうしたとらわれから自分
を解放して、「ラショナル・ビリーフ」と呼ばれる
理にかなった考えを身に付けることで、悩みは解消
する、と考えます。

　たしかに「教師であれば、どの子どものことも、
好きになれるならば、なったほうがいい」

　これは事実でしょう。

　しかし「教師たるもの、すべての子どもを好きに
ならなければならない」とか、「すべての子どもを
好きになれないのであれば、教師失格だ。教師を続
けている資格はない」などと考えるならば、それは
行き過ぎた考えです。完全主義的な偏った考えです。

　実際、もう何十年もやってきて生徒からも保護者
からも信頼の厚い教師が「実は私、もともとは子ど
も好きでなかったんです」と言うのを何度も聞いた
ことがあります。

　大切なのは、プロフェッショナルな教師として、
仕事をきちんとこなすこと。子どもを好きになるこ
とではないのです。

もろとみ・よしひこ　明治大学文学部教授。教育学博士。日本トランスパーソナル学会会長、日本教育カウンセラー協会理事、日本カウンセリング学会認定
カウンセラー会理事、日本生徒指導学会理事。気づきと学びの心理学研究会アウエアネスにおいて年に7回、カウンセリングのワークショップ（体験的研修
会）を行っている。教師を支える会代表、現場教師の作戦参謀。臨床心理士、公認心理師、上級教育カウンセラー、ガイダンスカウンセラー、カウンセリン
グ心理士スーパーバイザー、学校心理士スーパーバイザーなどの資格を持つ。単著に『教師が使えるカウンセリングテクニック80』（図書文化社）、『いい教
師の条件』（SB新書）、『教師の悩み』（ワニブックスPLUS新書）、『教師の資質』（朝日新書）ほか多数。テレビ・ラジオ出演多数。ホームページ：https://
morotomi.net/ を参照。『速解チャート付き 教師とSCのためのカウンセリング・テクニック』全5巻（ぎょうせい）好評販売中。

誌上ワークショップ！
目から**ウロコ**の**働き方改革**

先生の幸せ研究所 学校向けの業務改善・
組織風土改革コンサルタント
若林健治

[リレー連載・第3回]

時間予算ワークショップで
改善アイデアを出し合う

「自分たちでできることはやり尽くして、もうこれ以上は無理」という学校でも、やり方次第で新たにたくさんのアイデアを生み出すことができます。今回はこれまで10都道府県政令市、100校以上で実績がある、明日から時間を生み出す「時間予算ワークショップ」について、実際の流れをご紹介します。ぜひ皆さんの学校でも試してみてください。

時間予算ワークショップとは?

教職員一人一人の時間をお金と同じように資源と捉えて時間への意識を高めつつ、校内全員で知恵を出し合いながら具体的な改善活動につなげていくためのワークショップです。対面での集合研修が理想的ですが、オンラインでも実施可能です（所要時間：60分程度）。

[事前準備]
① チーム分け：1チーム4名程度で話しやすいメンバー同士※
　　　　　※学年ごとなど日頃一緒に仕事をしている、または若手・中堅・ベテランなど。
② 準　備　物：模造紙、付箋※、ペン、A4用紙、その他（時程表、年間予定表など）
　　　　　※できる限り発案した人の役職や立場が影響しないように全員同色が望ましい。

[ワークショップの流れ【図1】]
チェックインとして、「今の自分の働き方は10点満点で何点くらい？」「働き方改革や業務改善は何のために？」などの問いを設定し、軽く話し合ってからワークショップに入ると、「この場では何を

言ってもよいんだ！」という安心感につながります。さらに一般的なブレストと同じワークの約束（グラウンドルール）を設定することで、普段思っていても口に出せなかったアイデアを出しやすくなります。

● 「判断回避」：できるかどうかは考えない（後回しでOK！）
● 「突飛さ歓迎」：今までにないアイデアを歓迎する（人の意見を否定しない！）
● 「質より量」：深く考えすぎず、思いつくままにアイデアを出す（どんどんアイデアを！）
● 「他の人に便乗」：他の人が出したアイデアから着想を得る（それができるならこれも！）

ワークショップ参加者から挙がる声

過去に実施した学校では、60分で100個以上のアイデアが出されたこともありますし、GoogleのJamboardなどを使用すればオンラインでも実施できます【図2】。

また、参加者からは「普段話す機会が少ない先生と話せてよかった」「自分と同じ考えを持っている先生が多いのがわかって、みんなで変えていけそうな気がした」「思った以上に個人・学校裁量で取り組める改善アイデアが多いと気づいた」「こういう話し合いの時間がもっと必要だと感じた」といった感想が多く寄せられています。

校内で課題や改善アイデアを集める際にアンケートフォームを利用するのも効率的なやり方ですが、実際には「欲しい意見がなかなか集まらない」とい

わかばやし・けんじ　東京工業大学卒業後、総合コンサルティング会社に入社し、企業向けの経営改革・業務改革プロジェクトを手掛ける。その後、双子の娘の誕生がキッカケになり、「なりたい自分」や「つくりたい世界」に向けて自ら学び、自分を変えていける人で溢れた社会を目指して、ここ数年は学校や教育行政の主体的な変革を後押しする仕事にシフトしている。令和3年経済産業省「未来の教室」実証事業「教師のわくわくを中心にしたPBL型業務改善」をはじめ、多数の自治体や学校で伴走支援や働き方改革の研修講師を担当している。

【お題】	【ワークショップの流れ】		

【お題】

工夫して子供の下校までに（または勤務時間内に）1人当たり通常よりも合計30分の「自分の仕事ができる時間」を作ってください

1人当たりの勤務時間は7時間45分ですが、2人なら15時間30分の予算があると考えて、知恵を出し合いましょう

【ワークショップの流れ】

	内容	時間配分
1	【個人ワーク】お題について考え、1アイデア1付箋に記入する	5分
2	【グループワーク①】 ・個人ワークの内容を模造紙に出し合いチームで共有する ・アイデアを「個人や学校裁量」と「それ以外」に分類する ・各自「すぐにできること（〇）」「時間はかかるがやってみたいこと（★）」を選んでマークをつける	15分
3	【グループワーク②】 ・チームには1名が残り、他のメンバーは他チームのアイデアを探りに見学へ行き、同じようにマークをつける ・チームに残ったメンバーは他チームメンバーへ説明・質問に答える	10分
4	【グループワーク③】 ・メンバーは見学から各チームに戻り、他チームのアイデアも参考に、チームの意見をまとめる	5分
5	【グループワーク④】 ・取り組んでみたいことを決める	10分
6	【全体でアクション共有】	5分

【図1】

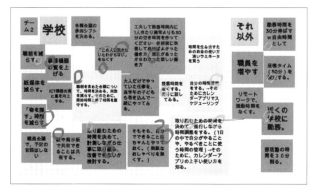

【図2】

う声を聞きます。「他の先生が何を書くのかが見えないため、自分だけが本音を書くと悪目立ちしてしまうんじゃないか……」「書いた内容がどう活かされるのかわからないので（どうせ意見を書いても変わらないというあきらめ）、モチベーションが湧かない……」という心理は皆さんもよく理解できるのではないでしょうか。

ワークショップ実施後の流れ（少しずつでも歩みを進めるために）

コロナ感染対策によって、先生同士のコミュニケーションが不足しており、本ワークショップのよ

うな時間や場はとても有意義だと感じる人が多い一方で、ワークショップのやりっぱなし・アイデアの出しっぱなしになると、結局働き方改革／業務改善は進みません。

少しずつでも歩みを進めていくため、最初に必要なのは挙がったアイデアを推進するための体制を構築しつつ、校内の正式な取組として時間を捻出するために管理職のお墨付きをもらうことです。次に体制が整ったら具体的に挙がったアイデアをリスト化・分類分けして、「すぐにできること」は明日にでも、「時間はかかるがやってみたいこと」はじっくり腰を据えて方針や対応案を検討し、次年度以降に実現できるようにメリハリをつけて進めていくことです。特に前者は小さな一歩かもしれませんが、自分たちで挙げたアイデアが採用され、実際に学校が変わるという「小さな成功体験」がモチベーションを高め、少しずつ個人の意識・行動変容や組織風土の変革につながるキッカケになります。いきなり大きな変化を起こすのは難しい場合も多いので、「小さく始める」ことで変化を実感し、試行錯誤を続けながらよりよい形にしていけばよいんだ、という気楽さも大切です。

直言
SDGs×学校経営
~ニューノーマル時代のビジョンと実践~

[第3回]
SDGsは学校図書館から

学校法人湘南学園学園長　住田昌治

学校図書館をSDGs情報センターに

　2020年秋、横浜でESDに関心を持って学校図書館を整えている学校図書館司書がつながり合い、学校図書館をSDGsの情報センターにするために、ノウハウを共有する動きが始まりました。コロナ禍で学校同士の交流はおろか、学校内での図書館の開設や図書の貸し出しも危ぶまれる時期でしたから、Facebookを活用してオンライングループを結成して交流することになりました。ESDに高い関心を持って取り組まれてきた横浜市立中学校の学校図書館司書の方に管理者として発信源となっていただきました。情報交換をしながらSDGsを拡げていくために、まずユネスコスクールやESD推進校に発信して仲間を増やしていきました。教科書にも明記されたSDGs、子どもも教職員もSDGsにたどり着くきっかけづくりに、学校図書館は大きな役割を果たします。

SDGsにたどり着く

　学校図書館は子どもたちが利用することが多いのですが、小学校では「図書の時間」や各教科や生活・総合の調べ学習などでも利用されるので、自ずと先生たちもよく足を運びます。その場所に「SDGsコーナー」やSDGsのポスター・ロゴ・アイコン、SDGs関連資料等を掲示しておくことで、たびたびSDGsを目にするようになります。子どもたちから質問を受けたり、相談に乗ったりしているうちに先生たちも自然にSDGsを学ぶことになります。「SDGsにたどり着く」という表現をしたのは、スタート時には「SDGsとは何か？」と真っ向から向き合うのではなく、子どもたちとやり取りをしている学びの中からSDGsとのつながりに気づいてもらうことが大切だと考えたからです。

　「SDGsコーナー」には、SDGsの各ゴールのアイコンと色紙でコーナーを作り、そこにゴールに関わる本を並べます。司書や先生がやらなくても、図書委員会や学年の子どもにやってもらってもいいです。本は新しく購入しなくても、すでに学校図書館にあるものも多いです。もしかすると、これまで学校図書館にある本のほとんどが並べられてしまうかもしれません。必要であれば、徐々にSDGsに関係する本を購入するようにしていくといいです。

　本を読んだ子どもには、その本の紹介ポスターを書いてもらって掲示するといいです。子どもたち同士が本の紹介をしたり、お勧めしたりすることは、これまでもされてきたことですから、SDGsの本についても関心を持って、さらに調べたり、考え話し合ったり、行動に移したりできるようになるといいです。

すみた・まさはる　学校法人湘南学園学園長。島根県浜田市出身。2010〜2017年度横浜市立永田台小学校校長。2018〜2021年度横浜市立日枝小学校校長。2022年度より現職。ホールスクールアプローチでESD／SDGsを推進。「円たくん」開発者。ユネスコスクールやESD・SDGsの他、学校組織マネジメント・リーダーシップや働き方等の研修講師や講演を行い、カラフルで元気な学校づくり、自律自走する組織づくりで知られる。日本持続発展教育（ESD）推進フォーラム理事、日本国際理解教育学会会員、かながわユネスコスクールネットワーク会長、埼玉県所沢市ESD調査研究協議会指導者、横浜市ESD推進協議会アドバイザー、オンライン「みらい塾」講師。著書に『カラフルな学校づくり〜ESD実践と校長マインド〜』（学文社、2019）、『「任せる」マネジメント』（学陽書房、2020）、『若手が育つ指示ゼロ学校づくり』（明治図書、2022）。共著『校長の覚悟』『ポスト・コロナの学校を描く』（ともに教育開発研究所、2020）、『ポストコロナ時代の新たな学校づくり』（学事出版、2020）、『教育実践ライブラリ』連載、日本教育新聞連載他、多くの教育雑誌や新聞等で記事掲載。

■□ SDGsコーナー・SDGsの学びをつくる

前任校では、本のほかにも、SDGsの掲示物や「ヤシノミ洗剤」、エコラベルのついた身近なアイテムなど、授業で使った資料なども展示してありました。そして、自分のSDGs行動の傾向が測れる「SDGsサーベイ」が紹介されていて、ipadでアクセスできるようになっていました。最近では、新聞や雑誌記事もSDGsを取り上げたものが多いですし、「FSC®認証」されたものを事務室で購入しているほか、「地産地消」「フェアトレード」「食品ロス」「マイクロプラスチック」の説明や取組も盛んに行われていますので、多くの資料が学校にはあると思います。

最近、Facebookグループ「SDGsは学校図書館から」に投稿された記事には、「新聞×SDGs×本、新聞読んでる？というテーマで、時事問題やSDGsに関連する新聞記事を紹介するポスターを職員室前のESD掲示板に定期的に掲示する予定です。計画としては、①生徒たちに新聞に関心を持ってもらう。②先生方にも新聞（図書館も）使えるぞ、と思ってもらう。③道徳や委員会活動のSDGsの学びとコラボレーションして、図書館の本の利用を促進する。④授業支援につながるといいな〜」と、計画が紹介されていました。学校図書館司書が学校のESD推進の要としてSDGs実現に向けた学びにつな

いでいます。まさに「SDGsは学校図書館から」です。

さらに、現在勤めている湘南学園中学校高等学校の図書館では、図書委員会の生徒たちが学校図書館司書とともに「まんがでSDGs‼」という冊子をつくって多くの学校に配布してきました。「はじめに」には、このようなことが書かれています。

> 私たちの学校、湘南学園中学校高等学校はESDに取り組むユネスコスクールとして、国連が掲げるSDGsを理解するための様々な取り組みを行っています。その過程でたくさんの知識を得ることはもちろん大切ですが、最も重要なのは、様々な問題を他人事ではなく、自分事として捉えることです。しかし、まだ人生経験が少ない私達にはそれらを身近に感じられるような機会があまり多くありません。どうしたら様々な問題をもっと身近に感じることができるのか？そこで思いついたのが、まんがの活用です。―中略―今まで何気なく読んでいたまんがを、SDGs的な視点をもって見つめなおしてもらえたら幸いです。
> （湘南学園中高図書委員会）

■□ 学校図書館とは…SDGsに出会える場。
□■ 行動のきっかけにも

横浜のみならず、全国各地の学校図書館が取組や考え方、事例を紹介し合い、SDGsを共通言語につなぎ拡げていくことができたら素敵なことだと思います。ここから生まれたつながりから、それぞれの独自性を保ちながら、決して競い合うことなく、ともに成長していくことが期待されます。

〔第3回〕

授業の事例研究で大事にしていること（2）
授業を見るということ

学びの共同体研究会
佐 藤 雅 彰

文部科学省が新たな教員研修の枠組みを示したが、問題は研修の中身

2022年8月31日、文部科学省は、教員免許更新制の廃止以後の新たな研修の枠組みとして、教職に必要な素養、学習指導、生徒指導、障がいのある子らへの対応、ICTや情報・教育データの利活用という五つの柱を位置づけた。さらに教師の資質を担保するために、校長が職務命令で教師に必要な研修を受講させる仕組みも盛り込まれた。

教師が生涯にわたって「学び続ける専門家」であることに異論はない。ただ、研修の中身である。

「教師は授業で勝負する」と言われる。授業は、子ども・教材・教師の相互作用で展開される。教師が学習過程で、子どもの多様な思考を捉え、咄嗟の判断で対処する。その行為に教師としての力量や人間性が見える。

教師には、時代の変化に対応したICT機器の利活用などの研修も必要である。けれどもまずは、目の前の子どもへの対処の在り方や「探究」と「協同」による「質の高い学びの創造」を追求する校内研修を校長のリーダーシップで構築すべきである。

塩竈市教育委員会の方針「学びの共同体」による授業づくり

宮城県塩竈市では、吉木修教育長の下、子どもたちが「活躍する場」や「交流する場」を授業中に意図的に設定する「塩竈市学力向上マネジメント」を策定し、弓田宣弘さん（しおがま学び専門官）など市教委が中心となって各学校の授業づくりを支援されている。特に、実践事例を基にした校内研修を重視する。

【実践事例】宮城県塩竈市立浦戸小中学校
中学校3年
「美術」絵画の鑑賞〜クロード・モネ「光に色を見つけた画家」〜
舎利倉聡哉教諭（2022年5月24日実施）

塩竈市立浦戸小中学校（佐藤浩一校長）は、離島（野々島）にある小規模の学校で、中学3年生は7人である。学校へは野々島在住以外の子どもたちも船で通学することができ、「船勉（船の中で仲間と予習・復習する）」という自主的な習慣もある。様々な事情で通学する子どもたちや小規模ゆえの課題を抱えながら、教師たちは次の視点で授業力向上を目指している。

視点1	教科の特質を生かした学習課題の設定
視点2	児童生徒の学びを深めるための教師のファシリテーションの工夫

本時の目標から教師の思いを読み取り、授業で用いるモノが学習にどのように機能するかを見る

授業のマネジメント力は、本時の目標に現れる。舎利倉先生の思考力・判断力・表現力等の記述には、「どのような手段によって、どのようなことができる」が明確に書かれている。参考にしたい。

1	モネの『積みわら』のよさや美しさを、連作を鑑賞することによって、時間によって変わる光や色などの違いに気づくことができる。（思考力、判断力、表現力）

2	作品に関心をもち、鑑賞に意欲的に取り組むことができる。 （主体的に取り組む態度）

誰もが絵を見る機会はある。けれどもどこがよいのか、作者が何を言おうとしているのか、理解できないことがよくある。

舎利倉先生は、そうした子どもたちに、モネの連作『積みわら』を用い、どの部分から何に気づき、何を感じたかを自分の言葉で表現させる。

文学の学びが言葉に対する感性を豊かにすることであるように、絵画の鑑賞は色や明暗など視覚に置き換えた学びとも言える。その意味で、モネの作品が鑑賞の学びにどのように機能するか、面白い取り組みである。

「共有問題」と「ジャンプ問題」のつながりと授業への参加構造を捉える

共有問題（授業前半）	クロード・モネの連作『積みわら』から三つの作品を順番に鑑賞し、どの部分から何を感じたかを自分の言葉で書ける。
ジャンプ問題（授業後半）	モネは、なぜ同じモチーフと構図で違う表情の絵を描いたのだろうか。

授業の前半の「共有問題」は絵の中にある「事実」に気づくことを重視し、授業の後半の「ジャンプ問題」は気づきと画家に関する情報などで絵画の向こう側にある画家の心に触れる構造になっている。

（1） 3枚の作品を一度に比較しないで、順番に鑑賞することの意義

準備された三つの作品を1枚ずつ順番に鑑賞することは、時間によって変わる光や色の変化に気づくことを求めたのだろう。学び方が面白い。

写真1

1枚目は**写真1**である。画家の名前やタイトル『積みわら、夏の終わり（朝の効果）』の解説はなかった。

絵を見ることは「瞬間に見てとる」ことである。このことが存外、疎かにされている授業が多い。

もう一つ、鑑賞の初期段階において絵の見方に関する多少の訓練は必要である。そこで先生自身が気づいたこと、感じたことを「ポカポカ、春っぽい、あったかい」と板書し、三つに共通する言葉は「気温」だと教えた。

技能教科における技や型の習得では、最初に大事

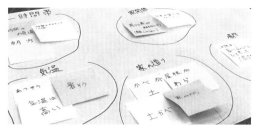

写真2

写真3

写真4

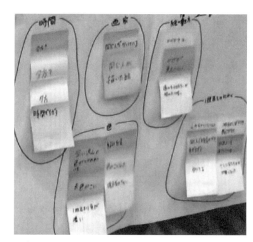

写真5

なポイントを教えてもいいと思っている。ポイントがないと「協同」が起きないことがよくある。

　子どもたちは、先生の例を参考に絵から様々な気づきをし、グループ活動で意欲的に交流していた。**写真2**は1枚目の作品の気づきである。

① 時間帯（お昼頃、朝方、夕方）
② 気温（暑そう、気温は高い）
③ 家（周りに家は少ない、日本の家ではなさそう）
④ 家の造り（壁が土、屋根がわら）
⑤ 場所（高い山、平地）

　同じ作品を見ても、時間帯では朝・昼・夕と感じ方は異なる。また「積みわら」を家と誤解し、屋根を「わら」、壁を「土」と見る子もいる。

　絵画の見方に正解はない。だからこそ各自の感じたことを他者と交流し、他者の思考を自分の思考に取り込んだり、熟考したりする探究的な学びが大事となる。

（2）作品を順番に見ることが、子どもたちの　　読みを深めている

　2枚目の作品（**写真3**）は『積みわら、日暮れ、秋』である。3枚目の作品（**写真4**）は『積みわら、晴天・白昼』である（2・3枚目もタイトルや季節・時間帯の解説はない）。

　3枚目の作品の交流（**写真5**）では、「光と影」「色彩」「気温」「時間帯」「家の造り」「絵の質」「画

家」「1・2枚目との違い」と広がっている。また、言葉も「日差しが強く昼っぽい」「太陽の位置が違う」「影がはっきりしてきた」「色味がはっきりしてきた」「リアルな感じがする」などと増えている。

　鑑賞の学びは、繰り返しの中で絶えず気づきの言

さとう・まさあき　東京理科大学卒。静岡県富士市立広見小学校長、同市立岳陽中学校長を歴任。現在は、学びの共同体研究会スーパーバイザーとして、国内各地の小・中学校、ベトナム、インドネシア、タイ等で授業と授業研究の指導にあたっている。主な著書に、『公立中学校の挑戦―授業を変える学校が変わる 富士市立岳陽中学校の実践』『中学校における対話と協同―「学びの共同体」の実践―』『子どもと教室の事実から学ぶ―「学びの共同体」の学校改革と省察―』(いずれも、ぎょうせい)など。

葉が更新されていく経験ではないだろうか。

「同じ画家がなぜ同じ対象を描いたのか」 言葉のやりとりの質や理解の深まりを捉える

(1) 3枚の作品を時系列的に並べる活動

　ある子どもが3枚目の気づきで「なぜ同じモチーフと構図」なのかという疑問をあげている。普通はこの疑問をジャンプ問題にする。

　けれど先生は、3枚の作品を朝・昼・夕方という時系列で並べる活動を組み込んだ。主題がなんであるかの前に、まず時間の経過によって変わる自然の移ろいなどを捉えさせようとしたのだろう。

(2) 画家の思いや心に触れるには 新しい情報が必要である

　画家の思いや心に触れるには、画家の生活場所、生きた時代、生涯や他の作品なども参考になる。

　そこで先生は「モネはフランスの画家。戸外で油絵の制作を行う。自然の美しさや光の効果と色彩の表現を追求した印象派の画家。連作『ポプラ並木』『ルーアン大聖堂』など光の変化を捉えた作品が多くあり、光の画家と呼ばれる」と紹介し、ジャンプ問題を取り上げた。

(3) 沈黙の中で生まれた言葉

　画家の心情や意図を考えることは簡単ではない。そう簡単に絵がわかったり、意図を表現できたりするものではない。だから沈黙が続いた。

　子どもたちがポツリ、ポツリとつぶやいた。

三井さん：「同じものでも、人によって見方が違う

　　　　　……」
田島さん：「時間が変わると違うものが見えてくる。田村くん、どう考えた？」
田村くん：「一緒に過ごした人生でも、……」
田島さん：「人生って？」
田村くん：「同じように一緒に歩んでも、その人の過ごした時間によって人生は変わるということかな」
仲　間：「すごい！」
参観者：「奥が深いなあ！」

　　　　　　　　　　　　(子どもの名前は仮名である。)

　田村くんは、短い時間内で時間の経過を「人生」と置き換え、モネの心に触れようとしている。

　今回の鑑賞授業から学べたことは、例えばピカソの『ゲルニカ』、ゴーギャンの『我々はどこから来たのか　我々は何者か　我々はどこへ行くのか』を見たとき、まず絵の中の部分を切り取り「これってなんだろう」と、次に何度も何度も作品を見て考える。さらに画家について知る。これらが絵画の見方を豊かにするということだった。

　子どもたちの授業の振り返りを2点紹介する。
① 「モネは光と気体を捉えて絵を描いていて、暗、明、普通の三つを描いていて、どれも面白いと思った」
② 「連作という絵の描き方をはじめて見て、自分の中で時間や季節の変化も考えたいと思った」

　子どもたちは、探究と協同による学び合いよって、絵には様々な意味をもつ要素があり、それを基に絵を味わい、楽しむことが鑑賞であると学んでいた。

新生徒指導提要はいじめ対応の必読書

　新しい『生徒指導提要』では、現行の生徒指導提要と比べて不登校・暴力行為・少年非行といった個別の課題に対する生徒指導についての記述が大幅に増加する見込みである。いじめについての記述も、現行の生徒指導提要では2ページであったが、今年3月の「改訂試案」等を経て8月に示された「案」では21ページに増加している。以下では、新生徒指導提要の案でいじめについて何が書かれているのか、私なりにポイントを整理していきたい。

関連法規・基本方針・ガイドラインの登場

　案では、個別の課題に対する生徒指導についての各章の冒頭で、課題に関連する法規や基本方針、通知等の要点が必ず紹介されている。いじめの章でも、2013年に制定された「いじめ防止対策推進法」や、それを受けて文部科学省より出された「いじめの防止等のための基本的な方針」（2013年策定・2017年改定）、上記の法や基本方針に基づく対応を徹底するために文部科学省が2017年に定めた「いじめの重大事態の調査に関するガイドライン」について、その要点が記されている。

　「いじめ防止対策推進法」によっていじめの定義が変更になり、以前より多くの行為がいじめに含まれるようになったこと、それによっていじめの認知件数が大幅に上昇したことは、多くの方がご存じだろう。また、上記の法や基本方針によって、各学校

に「学校いじめ防止基本方針」の策定や「学校いじめ対策組織」などの名称の校内組織の設置が義務付けられたことは、記憶に新しいかもしれない。しかし、上記の法や基本方針、ガイドラインは、それぞれ記載内容が大部にわたることもあり、内容の理解が十分ではないという方も多いかもしれない。

　実は恥ずかしながら筆者も、案を読み進めるなかで、上記の法や基本方針、ガイドラインの中に十分に理解できていない点があったことに気付かされた。例えば、児童生徒・保護者からいじめの重大事態に至ったという申立てがあったときには、その時点で学校が「いじめの結果ではない」あるいは「重大事態とはいえない」と考えたとしても、重大事態が発生したものとして報告・調査にあたるといった点である（案 p.121）。新生徒指導提要は、いじめ対応に不安を覚えた際に読み返すことで、法などに照らして踏み外してはならない点を改めて教えてくれる、困ったときの必読書だといえるだろう。

「被害者」以外の子どもにも目を配る

　必読書という意味では、案には子どもたちへの具体的な対応についても、重要なことが数多く示されている。ここでは2点紹介したい。

　1点目は、いじめの被害者への安全確保や心のケアだけでなく、加害者への成長支援にも目が向けられているという点である。

東京学芸大学准教授
伊藤秀樹

● Profile ●

いとう・ひでき　東京都小平市出身。東京大学大学院教育学研究科博士課程単位取得退学、博士（教育学）。専門は教育社会学・生徒指導論。不登校・学業不振・非行などの背景があり学校生活・社会生活の中でさまざまな困難に直面する子どもへの、教育支援・自立支援のあり方について研究を行ってきた。勤務校では小学校教員を目指す学生向けに教職課程の生徒指導・進路指導の講義を行っている。著書に『高等専修学校における適応と進路』（東信堂）、共編著に『生徒指導・進路指導——理論と方法　第二版』（学文社）など。

　案でも述べられているように、いじめ被害を受けている子どもの保護を最優先し、彼らを絶対に守るという姿勢を示すとともに、傷ついた心のケアを行うことの重要性は言うまでもない。しかし、いじめの加害者の中にも、過度の心理的ストレスやねたみ、嫉妬感情といった心の問題がいじめの衝動を引き起こしていて、本来は心のケアが必要であるはずの子どもたちがいる。また、そうした心の問題は、凝集性が過度に高まった学級集団や友人関係、さらには家庭生活などの、本人を取り巻く環境要因によって引き起こされていることも多い。そのため案では、「いじめの行為は絶対に認められないという毅然とした態度をとりながらも、加害者の成長支援という視点に立って、いじめる児童生徒が内面に抱える不安や不満、ストレスなどを受け止めるように心がけることも大切です」（p. 134）と、いじめ加害に至った子どもに「罪を憎んで人を憎まず」の姿勢で関わる必要性が記されている。

　ここ数年、いじめの加害者に出席停止措置が活用されないことを問題視する声も上がっている（斎藤・内田 2022など）。しかし、出席停止措置の活用がいじめ加害に至った子どもに「罰」や「排除」としてのみ捉えられたとしたら、彼らが抱える不安や不満、ストレスは増幅し、仕返し行動や学校外での非行など別の問題へと発展するかもしれない。そうした不幸の連鎖を防ぐためにも、子どもたちをいじめ加害へと走らせるような心の問題や環境要因のあり方に目を向け、加害者の成長も支援していくという視点が欠かせないだろう。

　2点目は、勇気をふるっていじめを告発する「相談者」の重要性が新たに提起されるようになったという点である。

　「いじめの四層構造論」によれば、いじめは「加害者」「被害者」だけでなく、いじめをはやし立てたり面白がったりする「観衆」や、周辺で暗黙の了解を与える「傍観者」の存在によって成り立っている。そうした中で、「傍観者」の中からいじめを止めようとする「仲裁者」が出てくれば、彼らはいじめの抑止力になる。しかし、子どもたちには集団への同調志向や自らが被害者になることへの回避感情があることも多く、実際には仲裁者は出てきにくい（詳しくは 森田 2010など）。

　案ではそうした前提を踏まえて、子どもたちの中から教師にいじめの可能性を伝える「相談者」が出てくることの重要性を新たに提起している。たしかに、仲裁者になるのは怖いけれど相談者にはなれる、という子どもは少なからずいると思われる。

　子どもたちに相談者という役割が知られ、実際に行動に移す子どもたちが増えていけば、深刻化するいじめは減っていくと考えられる。ただし案では、「学級・ホームルーム担任が信頼される存在として児童生徒の前に立つことによってはじめて、児童生徒の間から『相談者』や『仲裁者』の出現が可能になります」（pp.131-132）という注意喚起もなされている。子どもたちの中から相談者が出てくるためには、担任がいじめの被害者を絶対に守るという意思を示したり、学級全体にいじめを認めない雰囲気を浸透させていったりすることで、子どもたちから信頼を得ることが欠かせないということも、心に留めておく必要があるだろう。

引用・参考文献
・森田洋司『いじめとは何か——教室の問題、社会の問題』中央公論新社、2010年
・斎藤環・内田良『いじめ加害者にどう対応するか——処罰と被害者優先のケア』岩波書店、2022年

異年齢集団で、ワクワクする総合的な学習の時間の創造〜いじめ・不登校の予防教育〜

埼玉県越谷市立新方小学校

本校は在籍児童数193人、地域と共に歩む149年目の小規模校で、学校経営の理念は「自殺・不登校・いじめのない温かい笑顔あふれる学校」である。ここでは本校の特色の一つ「異年齢集団での総合的な学習の時間」を創造した過程と効果について述べる。

なぜ総合的な学習を異年齢集団で行うのか

（1）日本の教育課題：自殺・不登校・いじめ

日本の教育課題は「自殺・不登校・いじめ」である。文部科学省の令和2年度の調査結果によると、小中高生の自殺者数は415人。小中学生のいじめ件数は約51万件、不登校数は約19万人。だからこそ、笑顔でたくましく生き抜くことのできる「根っこ」を育成する教育が必要である。自分で決めて取り組んだ経験が自信を育み、その体験や探究を表現し合うことで「自己肯定感」が醸成していく。

コロナ2年目の昨年4月、予測困難な時代をたくましく生きる資質・能力を育成したいという願いから職員等と協議を重ね、学校教育目標を「創造してたくましく生きる 自律 相互承認 表現」に変更した。本校の教育活動推進の道標になっている。

（2）不登校を出さない授業づくりの工夫

教室の同質集団に馴染めない個性豊かな子どもがいる。そういった子どもたちは、何かをきっかけに学校を離れる可能性がある。改善するには、本人の意思を尊重しながら寛容に受け入れる体制と温かい人間関係のつながりを重視した教室づくりや、子どもが主役と感じる授業づくりが重要である。

本校ではその対策の一つとして、「意見をつなぐ学び合い（理念：全員思考の活用・全員発表・全員完了）」を掲げ、子どもたちが主体的にハンドサインで立場を明確にしながら話し合う授業を創り上げている。二つ目は、4年生で算数の「自由進度学習」を実施している。三つ目が、今回取り上げる「異年齢集団での総合的な学習」の取組である。同質集団の教室にはない様々な多様性を認め合う関係をベースにした授業であり、日頃の教室とは異なる「ワクワク感」を引き出したいと昨年から導入している。

多様性を認め合う総合的な学習の創造

学年ごとのテーマに基づいた総合的な学習を、令和3年度から「異年齢集団での総合的な学習」に転換した。3年生から6年生の全員で体育館をベース基地として、「表現力の育成」と「SDGs17項目の課題探究」をテーマに設定している。

（1）1学期　表現　教育漫才

令和3年度の1学期は教育漫才学習に取り組んだ。教育漫才とはマイナス言葉（死ね、消えろ等）や暴力（叩く、蹴る等）を使わないで、温かいコミュニケーションで観客を愉快に笑わせ、いじめはつまらないという心を育てるコミュニケーション文化である。コロナ禍で閉塞感が続く学校にはストレスが蔓延している。子どもたちが笑顔になる楽しい「快の教育」が必要と考えたからである。

第1回目は学級でくじをひき、コンビ・トリオを組んだ。流れは①自己紹介・ネタ創り→②演技練習

→③兄弟ペアでの学び合い→④学級教育漫才大会→⑤学級代表による第1回教育漫才大会→⑥笑いの取れたコンビの分析会の実施等。コンビ・トリオが互いに自己紹介し、そこからネタを創り上げていく過程で認め合う心が育成される。観客を笑わせるための表現はどうするかをプログラミング的に組み立て、ネタを披露した。観客は演者のネタに温かく笑う。この笑い声が学校の雰囲気を温かくしていく。

　6月上旬から始めた2回目は、「異年齢コンビ」で教育漫才に挑戦した。3年生から6年生全員でくじをひいて、様々なコンビ・トリオが誕生した。3年生と6年生の凸凹コンビや3年・3年・6年のトリオ等ユニークなコンビが組まれ、その組み合わせだけでもワクワク感があった。

　異年齢チーム6ブロックでの予選を経て、チーム代表12コンビが体育館の舞台へ登場した。下級生がツッコミ、上級生がボケるという日常では見られない演技等で観客から拍手と温かい笑いを引き出した。異年齢コンビという新鮮な組み合わせによって、今までにない温かいつながりが感じられ、学校が穏やかな雰囲気に変わっていった。

　2学期には2年生が、3学期には1年生が、生活科や学活で教育漫才に取り組んだ。基本型である三段落ちを使って生き生きと表現し合い、本校の新しい文化として定着してきている。教育漫才は表現力、人間関係形成能力、相互承認の心を育て、いじめの元凶である「マイナス言葉と暴力」を封印し、安心して表現し合える土壌を耕す。その効果は日頃の授業で意欲的に発言する子どもが増え、学び合いが活性化している。大きなトラブルもほぼない。

（2）2学期「SDGs17項目」探究・協働

　各自が「SDGs17項目」から探究したい課題を選択し、個人や協働でタブレットや図書で探究した。ねらいは「地球防衛隊として何ができるか」である。各分野の達人からコロナ感染に配慮しながら対面での講義や遠隔ツールを通して価値ある学びを得た。講演者とテーマは以下のとおりである。

・SDGs 1「貧困をなくそう」2「飢餓をゼロに」をテーマに食品ロスについて（武藤晴彦氏）
・SDGs11「住み続けられるまち」をテーマに農業の価値について（濱野才一氏）
・SDGs15「陸の豊かさ」をテーマに持続可能な古民家について（畔上順平氏）
・SDGs 14「海の豊かさ」をテーマに海の環境問題について（黄川田仁志氏）
・SDGs13「気候変動」をテーマに地球温暖化の危機について（露木志奈氏）
・SDGs 1「貧困と教育」をテーマにモザンビーク、マラウイでの教育支援について（栗山さやか氏）

　達人たちは子どもたちの感性を刺激してくれる。地球の課題を自分事として捉え、地球規模の視野で考える子どもたちを育てるきっかけになる。

深夜のドイツとZoom対談
教育支援について（栗山氏）

（3）3学期「SDGs」プロジェクト

　2月のコロナ対応で本校は約3週間短縮授業になり、総合的な学習が十分に確保できなかった。しかし、教師たちから、「1年間の学習の成果として地域に出てプロジェクト化を図って区切りにしましょう」という提案があり、小グループごとに探究してきたことを地域にアクションを起こしたり、探究結果を確認したりする等のねらいで3月15日午前中、校外で活動をした。例えば、Aグループは、道端のごみ拾いからごみ分別を行い、「道路にこんなにごみが落ちていることを改めて知った」と嘆いた。Bグループは、子ど

SDGsプロジェクト
ごみ拾いから環境を考える

も食堂やオレンジハートリボン協会に寄付をするための箱とポスターを作成し、商店に出かけ募金箱設置依頼の直接交渉を行った。たくさんの寄付が集まり、関係者に来校いただき手渡すことができた。Cグループは、節電を呼びかけるポスターを作成して、地域の商店に現在も掲示されている。

プロジェクトを実施することで、子どもたちは、1年間のまとめとしての達成感を得ることができたようだ。この実践が次年度への「SDGsからの課題選択」につながっていく。異年齢集団での総合的な学習の基盤ができた。

ワクワクする総合的な学習の創造

（1）異年齢集団の総合的な学習の進化

今年度の年間指導計画はテーマを継続して「SDGsの課題探究」と「教育漫才」とした。SDGsの探究課題を選択するに当たり、テーマを継続する子どもも新たに探究テーマを選択して取り組んでいる子どももいる。大事にしたいのは各自の自己決定である。ここに主体的な学びの根っこが育つからである。

グループは便宜上大きく5つに分けて担当の教師が支援を行った。さらに大グループから小グループに分かれて協働的学習をしながら、それぞれのテーマをタブレット端末や図書を活用して課題を探究した。もちろん、一人テーマの場合は個別的な学びで探究した子どももいて尊重した。本校ではプレゼン資料作成にはロイロノートを活用している。中間発表に向けての資料作りもこのアプリで行われた。小グループでは、タブレット操作に慣れた上級生が下級生に教えながら調べ学習が進んでいった。異年齢グループの良さは、上級生は自分の置かれた状況を自覚しながら下級生を尊重し対応している姿が多く見られることである。下級生は教師を頼らず上級生

と学べる時間として安心した姿を見せる。通常の教室にはない穏やかな空気が流れる。なぜならそこには比較や競争がほぼなく心理的な安全性が担保されるからである。

6月3日に中間発表会が行われた。創り上げたプレゼン資料（ロイロノート・ポスター等）を提示しながら、グループや個人で発表を行うことができた。それぞれのテーマに沿って役割を決め、発表し、中間プレゼンは終了した。

今年度の特長の一つを紹介する。SDGs 1「貧困」2「飢餓・食品ロス」の視点から、農業の達人（浜野氏・山崎氏）の力を借りて、実際に農作物を育てる「新方農園」プロジェクトを立ち上げた。参加した子どもたちは異年齢集団29人。体育館裏の荒れ地を達人と耕し、胡瓜、茄子、トマト、枝豆を苗、種から植え育てた。育てた野菜を保護者に販売して経済教育の視点も学んでいる。

SDGs「新方農園」プロジェクト
野菜を育てて販売

（2）教育漫才大会の実際

探究学習の中間発表を終えた子どもたちは、表現力と相互承認の視点から教育漫才に取り組んだ。

今年度第1回目であるので3年生から6年生が体育館に集まり、教育漫才のねらいやルールを確認し合い、学級内でのコンビをくじで決めてスタートした。

実施に当たり、6月9日に構成作家の金井夏生氏をお招きし、教育漫才研修を開催した。それを生かして各学級で教育漫才学習に入っていった。

1年生、2年生も教育漫才学習を行った。昨年から取り組んでいる2年

全校で行った教育漫才大会
子どもたちも保護者も大笑い

生が1年生と異年齢コンビを組んでネタづくりから演技まで教えながらネタを披露した。つまり全員参加の教育漫才大会が実施できたのである。7月8日、低学年の子どもたちの笑い声が会場を盛り上げた。司会進行はお笑い芸人「シギザク」で、プロのコミュニケーション技術を学んでほしかったからである。三密に配慮しながら、学校運営協議会委員、PTA役員、保護者の方々にお声がけして参観いただいた。成果としては次の点が挙げられる。

○子どものたちのプレゼン能力が向上していること。
　昨年度と比較すると、声の大きさ、マイクの使い方、身振り等表現が自信に溢れていた。演じたある子は、「みんなが笑ってくれて嬉しかったし、達成感がいっぱい」と。観ていた子どもは、「コンビたちは大きな声で堂々としていたし、体育館が温かい笑いで満たされた。次は私が舞台に立ってみんなを笑わせたい」と次への意欲を示した。

○参観した保護者からも賞賛があった。「堂々とした姿に驚きました」、「引っ込み思案の子が、生き生きと生活するようになりました」、「親すら知らない面を見せてくれました」等である。

　異年齢での総合的な学習を始めてから、学校の雰囲気が明るくなり、子どもたちが元気になっていることを肌で感じる。その一つの表れとして、教室で伸び伸びと学んでいて、教室しぶりの子どもがいなくなったことである。異年齢活動は学校生活に潤いを創り出す予防教育として効果がある。地域からは記念行事で教育漫才を披露してほしいとの声かけもいただいている。

　2学期は、9月に竹内明日香氏を講師としてプレゼンテーション講座を開催した。また、代表委員会が提案したSDGsを含め、日頃の学びを様々な表現方法で発表する「ハロウィン学習発表会」を10月組み込んだ。まさに教科等横断的授業である。11月末には異年齢コンビでの教育漫才も予定している。子どもたちがワクワクする異年齢集団での総合的な学習は進化発展し続ける。　　（校長　田畑栄一）

Adviser's Eye 👀　　学校法人茂来学園大日向小学校 前校長・ON THE BALL代表　**桑原昌之**

　越谷市立新方小学校では、子どもたちが「学校は楽しいところだ」ということを実感できるよう「異年齢集団による総合的な学習」を積極的に取り入れている。

　その実践は、日本の教育課題である「自殺・不登校・いじめ問題」に歯止めをかけるためのヒントを与えてくれることだろう。本稿では、その中でも特に「教育漫才」に着目する。

◆「教育漫才」で学校をより楽しく
　新方小学校では、多様性を認め合う関係を醸成するために「教育漫才」に取り組んでいる。「笑う」という行為には「幸福感が増す」「自律神経のバランスが整う」「脳の働きが良くなる」などの効果があるといわれている。

　子どもたちが観客を愉快に笑わせようとネタを考え、演じることで、他者を思いやろうとする心が自然に醸成され、学校をより楽しくしたいという主体的な行動へと繋がる。

◆異年齢による「教育漫才」で多様な個性にふれる
　驚かされるのはペアをくじびきで決めること。同じ学級だけでなく異年齢による子どもたち同士がペアとなっていく面白さは関係性の広がりへと繋がる。

　現代の子どもたちは放課後も塾や習い事などでスケジュールに追われ、異年齢による外遊びを体験しづらい環境にある。同学年、同学級の仲間だけで学校生活を送ることが多い中で、「教育漫才」による新たなコミュニティ形成はより多様な個性にふれる絶好の機会となっている。

◆「教育漫才」を起点に学校が進化し続ける
　子どもたち同士の関係の質が向上する「教育漫才」の実践は、日々の授業に安心感を生み出し、「意見をつなぐ学び合い」や「4年生による算数の自由進度学習」をより発展させることに繋がっていくことであろう。また、異年齢による「SDGsの課題探究」もさらなる深まりを見せるはずだ。

　そして、「教育漫才」も更にアップデート。子どもたち、保護者、教職員、地域の皆さんの笑顔があふれる学校は進化し続ける。

佐喜浜スタンダード学習・セルフ授業って楽しい！

「主体的・対話的な学び合い」で、分かる楽しい授業を！

佐喜浜小の学びと子どもたちとの出会い

　私は、令和2年4月から佐喜浜小学校に勤務することになった。そこで「佐喜浜スタンダード」との出会いがあった。その素晴らしい出会いと佐喜浜小学校での取組について紹介したい。

　私は、佐喜浜小に着任する前の2年間、国立室戸青少年自然の家に勤務し、企画指導専門職として、「教科等に関連付けた自然体験活動」や「主体的・対話的で深い学びの教育事業」などを企画してきた。自然の家では、海や山の活動を行う時、必ず子ども同士で考えて、話し合う「学び合い」という時間を取り入れて活動をさせていた。子どもたちの様々な発想や考えが活動を楽しくし、活動への「意欲を奮い立たせる姿」が多く見られた。

　佐喜浜小は小規模校である。全校児童数が30名ぐらいで、私が着任した時は、3・4年生と5・6年生が複式学級であった。そして、令和4年度からは完全複式学級校となった。

　私は、1年目から5・6年生の学級担任をすることになったが、「素晴らしい5・6年生の児童」との出会いがあった。佐喜浜小の児童は、素直で、真面目で、そして優しい児童が多い。何事にも意欲的に活動ができる。ただし、コミュニケーション力や学力差に課題が見られていた。

授業改善～授業を子どもたちのものに～

　佐喜浜スタンダード学習は、「見通しを持ち、主体的に学ぶ子どもを育てる」ことを目標に、「学力向上（主体的に学び、学びを楽しむ子どもの育成）」「コミュニケーション力・言語力のアップ（かかわり伝え合う力）」を目指すものである。

　私が5・6年生の授業で大切にしたことは、「学び合う力の向上」であった。「学び合い」とは、友達と関わり合いながら学びを深めていくことである。その中の「関わり合い」とは、思いや考えなどの違いを互いに認め合うことであり、つまずいている友達を支えることである。そして、共に高め合っていくことである。佐喜浜小の授業改善は、授業を子どもたちのものにしていくことだと考え、「佐喜浜スタンダード学習」に取り組むことにした。

様々な教科での学び合い！

　児童たちの学び合う力の向上を目指して、様々な教科で佐喜浜スタンダード学習を行った。

【児童が主体的に取り組む学習】

「体育科」～跳び箱、台上前転への道～
◆課　題：開脚跳びのポイントを知ろう！
◆問　題：開脚跳びをするためのポイントは？
◆見通し：グループで話し合って「美しく開脚跳びをする方法」を考える。

　はじめに、児童たちに課題や問題を確認し、学習の見通しを持たせた。授業では、学習リーダー（児童）が開脚跳びのポイントを全体に質問し、その意見を吸い上げて学習に生かした。児童からは、開脚跳びをするためのポイントとして「助走の仕方」「両足の踏み切り」「両手のつき方」「跳んだ後の着地」などが意見として出た。

　次に、見通しをもとにグループ学習を行った。活動を行うにあたって、児童に「助走の仕方」「両足の踏み切り」「両手のつき方」「跳んだ後の着地」の4つのポイントの中で「自分が意識して取り組みたいこと」を決めさせた。各グループの話し合いでは、前時に学習した前転の活動から学んだことを意

高知県室戸市立佐喜浜小学校教諭

谷岡　守

見として発表する児童がたくさんいた。また、各グループから出たポイントを全体で共有する場をつくり、児童に「助走」「両足」「両手」「着地」がきちんとできているか確認をとった。この後、実技を行う際に全体で共有することで、ポイントを意識して開脚跳びを行おうとする姿も見られた。

　前半に児童同士で話し合う場面をつくり、後半は実技に移った。ここからが「学び合い」になる。児童同士でポイントを確認したことをもとに、実際に開脚跳びにチャレンジした。ここでも、まわりの友達が実技をしている友達を見て、跳び方に対して、アドバイスする場面をつくった。美しい開脚跳びをするために、児童同士で「跳び箱への両手のつき方」や「着地した時に両足をきちんとそろえる」など細かいところまでアドバイスをする児童たちの姿がたくさん見られた。

【心に残った友達の一言（アドバイス）】

・ぼくは、跳び箱が全然できなかったけど、友達から「馬跳びをした時と同じようにやればいいよ」とアドバイスをもらって跳べるようになりました。
・友達に「跳び箱に両手をついた時、顔が下を向いている」とアドバイスをもらったので顔が前を向くように

跳んでみました。すると、着地がきちんとできるようになりました。

　次の体育科の時間に、跳び箱発表会を行ったが、3年生から6年生までの21名中、8段が跳べた児童は18名、跳べなかった3名は、5段は跳べるようになっていた。8段を跳べなかった3名は、今回の授業を行う前までは、全く跳び箱が跳べなかった児童である。友達のアドバイスや励ましで跳べるようになったのだ。教師のアドバイスも大切であるが、児童同士でポイントを見つけたり、アドバイスをし合ったりする「学び合い」がより大切であると心より感じた。児童は、スタンダード学習において「学び方名人」にもなるし、「教え方名人」にもなれる。

【対話活動を通しての深い学び】

「総合的な学習の時間」～室戸市の魅力を伝えよう～
◆課　題：室戸市で働いている方の思いについて考え、伝え合おう！
◆問　題：室戸市の魅力は何か？
◆見通し：思考ツール「ピラミッドチャート」を使って、グループで話し合う。

　総合的な学習の時間においてもスタンダード学習

子どもが創る授業Ⅲ

を取り入れた授業を行った。上記の時間では、地域にある観光施設で働いている方の思いや願いをまとめ、室戸市の魅力について考える学習を行った。

室戸市の魅力やそこで働く人々について、グループに分かれて思考ツール「ピラミッドチャート」を使って、自分たちの考えや思いをまとめていった。グループの考えを伝え合った。話し合いでは、様々な意見が出た。児童からは、友達の発表を聞いて「いろいろな考えや思いがある」と共感する姿も見られた。その意見を児童は真剣に考え、自分なりの考えを述べていた。

また、グループでの話し合い後、全体での共有を行った。みんなに自分の考えを分かりやすく伝えるために、「意見」「理由」「確認」の3段階で発表していた。発表する時は、「いいですか」「わかりますか」などの同意を求める言葉を入れて発表するように心がけていた。

授業を通して感じたことは、教科リーダーの司会で友達一人一人の考えを大切にし、認め合い、整理分析していくことで、課題を深く掘り下げることができるということである。

「学び合い」で変わる子どもたち！

佐喜浜スタンダード学習に取り組み、児童の様々な変化が見られている。

1つ目は、「児童の学習に対しての意欲の変化」である。前日に、児童にセルフレッスンを行うことを伝えると、ほとんどの児童が自主的に授業の予習や復習をするようになった。児童の学習ノートを見てみると、自分が授業の中で気づいたことや感じたことなどをノートにメモし、課題や問題を自分なりに深く考える姿が見られている。また、学習リーダーに積極的に挑戦もしている。児童は、学習に対しての見通しを持ち、課題解決に向かって主体的に学ぶ姿が見られている。この姿は、学ぶ力や思考力を高めることにつながると考える。

2つ目は、「児童が友達の考えや意見を尊重する姿」が見られるようになった。セルフレッスンは、基本的に教師不在であるので、児童の考えや意見が中心になって授業が展開していく。その学習活動のプロセスでは、課題に対して意見を出し合ったり、伝え合ったりする場面が多くある。友達の意見を聞き、深く考えたり共感し合ったりしながら授業が展

開されている。また、自分の考えを友達に分かりやすく伝えるための方法なども考える。学習を通して、児童のコミュニケーション力を高めることにつながっている。スタンダード学習の「深く考える」「わかりやすく伝える」「共感する」などの活動は、児童の深い学びになると考えられる。

3つ目は、「児童が学習を楽しむ姿」が多く見られるようになった。児童に、「セルフレッスンはどうですか？」と尋ねると、必ず「すごく楽しい！」という返事が返ってくる。

【セルフレッスンに対しての児童の声】

・みんなで意見を出し合って、答えを見つけていくのが楽しいです。最後にはみんなで「分かったね！」と言えるところがいいです。
・私は、分からないところがあっても恥ずかしくて友達に聞く勇気がなかったけど、今では聞けるようになりました。

子どもたちが学習を楽しむ授業は、私たち教職員が目指している「真の学び」の姿である。

進化し続ける子どもたちの学び合い

佐喜浜小児童の学びは、どんどん進化している。現在、セルフレッスンを行う時は、深い学びをするために児童が授業内容の計画を立てて、自分たちで授業を進めている。計画を立てる時も、やはり児童同士の話し合い（対話）が中心となり、さらに単元の課題や問題も決めている。それゆえ、授業の学び合いでは、様々な意見が出て深い学びに授業が進んでいく。

「学びの中心は、子どもたちである！」「先生の仕事は、学び合いをしている児童の力を引き出すことである！」「自ら学ぶ、共に学ぶ！」ことが児童の自主性を伸ばし、深い学びへと導いている。私は、今も日々、目の前の児童の学び合う姿から、学ぶことがたくさんある。

これからも、この素晴らしい子どもたちと共にチャレンジし、全国の先生方と情報共有しながら、主体的な学びに向かって様々なことを学んでいきたいと思う。児童の成長は、教師の成長でもある。

「教育は、共有である！」

子どもが創る授業Ⅲ

寸評Good&More

本当の授業常識へ

高知県7市町村教育委員会授業改善アドバイザー
西留安雄

いまだに教師主体で教科書の内容を教えるだけの授業を見る。学習指導要領がいくら変わっても、基礎基本の習得をさせる授業が必要、授業規律が重要、教師が教えるのが授業と思い込んで、授業を変えたがらない教師の授業だ。

なぜそうした授業を大事だと思い込む教師がいるのか、日本の授業がなぜ変わらないかと考えたとき、これまでの授業常識の間違いに気付いた。それは、教師側の論理で「教育をする」「授業をする」がとても強いことだ。誰しも、子どもが主体的な授業が重要という。だが、子ども側からの授業論や考え方が反映されていない。

1　間違えた授業常識

教師の発問や指示、説明の繰り返し、子どもたちを受け身にさせたままの授業をしている限り、子どもの主体的な学びの実現はできない。また、従来型授業の方法の一つである「挙手・指名・発表」の手法で教師に向かって一部の子どもだけが話す授業形態では、根拠をもって話す、相手への確かな説明をすることには繋がらない。子どもが対話相手への受容や共感がない、安心して話せない、そうした中で、子ども同士の対話を求めても「対話的な学び」とはならない。これが子どもの成長を止めている原因だ。とにかく教師主体の授業を変えるしかない。そのためには、子ども主体の学習過程に変え、教師も子どもも学ぶとよい。

2　日々の授業で自立を促す

人間以外の動物の多くは、親がわが子の自立の時期になると子どもを突き放すという。これにならえば、私たち教師もおのずと「教える授業」から、「自立を促す授業」へ転換しなければならない。教師側から子どもに知識や思考力を一方的に身に付けさせる授業では、人としての生き方は身に付かない。進学に特化した学習で目的を成就しても、子ども自身に自立心がないと変化ある社会の中で生きていくことは難しい。

そこで、今次の学習指導要領の改訂が行われたと思う。まずは、授業で「子どもの自立を促す」ことである。そう考えれば、教師の授業観も変わり、教師の立つ位置も変わるのは確かだ。

3　本当の授業常識へ

光る言葉を発表する子と教師の対話の授業を見て、それを良しとする風潮。学習の進度が遅い子どもにとっては、教師と一部の仲間の話し合いで進む授業はとても苦痛だ。もう、子どもがお客さんになるような授業を行ってはならないと思う。

そのことを考えれば、とにかく活動している時間がたくさんあることだけでも素晴らしいと思う。グループ学習が多くあってよい。ワールドカフェがあってもよい。プレゼンテーションやディベートのような新たな授業の型を変えてもよい。とにかくアクティブな活動やアウトプットの多い学習を行うと、子どもが活躍するからだ。

これまで、私たちはそうした活動のある授業を大事にしてきた。自分の考えを付箋に出し、友達の付箋で新たな事実に気付く。そして考えを修正していく。小グループで考察したり、全体で確認したりするなどこれまでやっていたことを大事にすればよい。私たちが学習課題を学びの中で3回も読むのを奨励しているのは、いつも課題解決に立ち向かってほしいからだ。こうした基本的なことを大事にしよう。これが本当の授業常識ではないだろうか。

アクティブな活動やアウトプットが主体の授業になると、最終的には教科の「見方・考え方」の育成に向かう。各教科には、その教科らしい授業の姿がある。それが各教科等固有の「見方・考え方」である。最終的にはそこに到達するように授業を組み立てていくとよい。

授業備品（No.174）

「西留安雄の教育実践」（ブログ）より

「授業備品」（No.174）普段通り（普段着）の授業へ

授業改革で私自身が大きな勘違いをしていたことがある。「勘違い」が顕著になったのは、自校で学習スタンダードが定着した時だった。もっと早くから取り組んでおけばよかった、と思った。

1　自己満足の授業だった！

新採の頃から授業研究に進んで手を挙げた。当時も「子どもが前面に出る授業」を心がけていた。研究授業ともなると来る日も来る日も学習指導案を練り、書き直し授業に臨んでいた。研究授業当日は、多くの子どもたちが挙手し学習課題の解決に一直線の授業となった。授業研究の夜は、終えたことに安堵し、「一人自己満足」になっていたことを覚えている。肝心の子どもが「全員活躍できる」ことがおろそかになっていた。研究授業の翌日は、通常の「教師が喋りまくる授業」に戻っていた。

なぜ、こうしたことが起きたのかを吟味すると、「子どもがあっと驚く教材探し」に固執していたことに行き着く。また、当時はこうしたことをよしとする風潮があった。専門知識を持つ先輩をマネしていたからだ。

授業検証の場でも特段指導されることはなかった。まさしく、教師中心の「自己満足の授業」であった。今、思うことは、子どもたちに申し訳ないことをしてしまったことだ。今や子どもが主体的な授業を創ることが当たり前となった。あらためて授業は子どもたちが満足しているかを問うとよい。その時の基準は、教師が魅せる授業ではなく、子どもが授業を創っているかどうかだ。子どもの顔が輝いているだろうかだ。

2　完成形の学習スタンダード（高知市立浦戸小学校　6年算数「概数」R3.12.10）

浦戸小学校も大きく授業が進化した。学習スタンダードで学んできた6年生の授業を昨年度末に見た。「完成形の授業」そのものであった。教師が授業に入ろうとすると、子どもたちが自分たちでできると考え協働的に進めていたことが印象的であった。かつては諸課題もあった学校であるが、授業の進化と共に学校の様々な面で比例して発展している。なぜ完成形かを振り返ってみた。

①授業前に授業の流れが良く分かる板書（授業の流れの見える化）

②司会原稿なし（普段から司会進行を子どもたちが行っているから司会原稿はない）

・本時で司会をした子どもの言葉

　あ「問題をノートに書いてください。書き終わったら3回、声に出し読んでください」（声出しは、言語活動で必須。書き終わった子は、それぞれのノートに分かっていることと聞かれていることの線を引く）

　い「みんなで問題を読みましょう」

　う「気づきを発表します。分かっていることは、○○です。聞かれていることは、○○です。（司会者が行う）

　え「先生、課題をお願いします。書いた人は3回声に出し読みましょう」

　お「見通しをします」「Aさんお願いします（キーワードを中心に課題の解き方や学習方法を行う）

　か「解けるかどうかのグーパー確認をします（子ども同士が周囲を見る）

　き「ペア学びをしてからで自分の考えをノートに書きましょう」

　く「班で考えをホワイトボードに書き、前に貼りだしましょう」

　け「聞かれていること」の二つを板書しながら話し合いましょう」

　こ「考察をします。課題をもう一度読んで下さい。「つまり……」から先を話し合いましょう」

　さ「まとめをします。ここも「つまり」の後を自分でまとめてください」

　し「振り返りをします。3視点で書いてください」

③子どもたちだけで協働して授業を進める（教師を頼らない）

④セルフ授業が定着している

⑤「学習キーワード」で授業がスムーズに進行する

「行きたい学校 笑顔で下校」できる 学校を目指して

鹿児島県霧島市立牧園小学校長
中園明男

　本校は、「豊かな知性と感性を備え、優しい心を持ち、たくましく生きる子どもを育成する。」を学校教育目標に掲げ、「かしこく　なかよく　たくましく」学ぶ姿を「目指す子ども像」として、「花と笑顔と読書の学校　歌声いっぱい　牧小っ子」をキャッチフレーズに牧小っ子の育成に努めていきます。コロナ禍で以前のように「大きな声で、元気いっぱい」というわけにはなかなかいきませんが、ピンチはチャンスととらえ、ゴールを信じてチーム牧小全員で前に進みます（**写真1**）。

　本校のある霧島市牧園町は、南東に伸びる霧島山脈の裾野大地に位置し、平成17年に旧国分市・隼人町・溝辺町・横川町・霧島町・福山町と合併されました（**写真2**）。本校区は旧牧園町の中心部に位置し、10区の自治会で構成されています。本校は小規模校であり、令和4年度の学級数は6学級（特別支援学級含む）で、児童数は45人、教員数は11人、そしてPTA戸数は32戸です（**写真3**）。

　私は常にタイトルにあるように「行きたい学校

笑顔で下校」できる学校を目指して学校経営に努めています。児童が「行きたい学校　笑顔で下校」できる学校であるためには、子どもたちはもちろん、まずは、職員の思いが大切です。子どもたちに「行きたい」と思わせるためには、まず職員が「行きたい」と思うことが基本だと考えます。子どもたちを

写真2　霧島山脈の裾野大地

写真1　様々な目標が掲げられている校長室

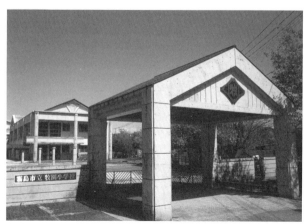

写真3　学校の正門

「笑顔で下校」させることは、各担任にゆだねる部分が大きいと思いますが、職員を「笑顔で下校」させることは、校長に任される使命と思い、本校で大切にしていることとして、全職員一体となって取り組む研究を実践しています。

　本稿では２つのことに絞ってお伝えしたいと思います。

　１つめは全職員が関わる授業づくりです。本校では「研究授業」ではなく授業担当者の「提供授業」とし、全員で授業を考え、授業担当者が代表で授業を提供するという職員参加型のスタイルをとっています。この夏も二学期に計画している提供授業の授業づくりに全員で取り組みました。グループ別にアイデアを出し合い、お互いに発表した内容を全員で検討し、それを参考に授業者が指導案を練り上げ、職員が子どもになりきる模擬授業を経て、授業構想を固めていきます。全てを一人で抱える研究授業ではないので、授業者にとって負担感が少なく、今後も継続していきたい研修のスタイルです。

　また、授業後の授業研究を授業者の指導の善し悪しを議論する場ではなく、授業における子どものつぶやきや行動などの姿から研究の成果と方向性を語る場とし、本校全職員の今後の共通実践事項を決定するようにしているのもこの考えからです。

　２つめは全員参加型研修の雰囲気づくりです。本校の研修の時間のスタートは、研修係による「小話」やグループで「最近のマイブームは？」等、懇談（アイスブレーキング）を取り入れています。「テーマ研究＝難しい」「やらされている」という意識ではなく、研究テーマに沿って、楽しく前向きに、全員で考えていくという雰囲気づくりをいつも大切にしています。

　さらに、本校では授業後の授業研究の限られた時間の中では扱いきれなかった、教師の具体的な手立てなどの授業スキル、授業者へのねぎらいや感想、そして授業者のこだわりや思いなどを大切にしています。参観者は授業の感想シートに、授業者はＡ４一枚程度のレポートにそれぞれまとめ、職員間で交流しています。例えば最近行った提供授業の授業者の感想には「みなさんと一緒に考えて授業をつく

写真４　研修風景

り、本時を迎えることができてとても楽しかったです。子どもたちもこのような時間を友だちとたくさん作ってほしいと思います。ご協力ありがとうございました。」とあります。研修の時間だけでなく、お互いに高め合っていくような雰囲気づくりがなされていることがわかると思います（**写真４**）。

　このように２つの取組を継続していくことで、縁あって出会った職員一人一人が「研修の時間が楽しみ」「牧園小学校に勤務できてよかった」と思えることが、子どもたちや保護者の「牧園小学校で学べてよかった」「牧園小学校に通わせることができてよかった」につながるのだと思います。

　さて、令和５年度に創立150周年を迎える伝統ある本校ですが、少子化の波には抗えず、今年度から複式学級を編制する学校となりました。そこで次のような「４つのＣ」をキーワードに新たな教育課程をスタートさせました。

　①　子どもたち一人一人とのコミュニケーションを十分に図りかかわりを持つ（コミュニケート）。

　②　コロナ禍の中、さまざまな制限のある中でもできることをできる範囲で挑戦する（チャレンジ）。

　③　そのためには前例にとらわれず、職員一人一人の豊富な経験を基に創造する（クリエイティブ）。

　④　「教師主導（先生が教える）の教育」から「学習者主導（子どもが学ぶ）の教育」に変える（変わる）（チェンジ）。

　今後も、このキーワードを踏まえながら、本校の研修テーマである「主体的・対話的で深い学びを実践する」授業の創造に取り組み、自ら学び自ら考える児童の育成に努めていく所存です。これからも校長職を全うできるよう精進いたします。

探究する楽しさ

北海道教育大学附属旭川小学校教諭
菊池勇希

 「探究する楽しさ」への気付き

　1988（昭和63）年生まれの私は、いわゆる「ゆとり世代」です。小学校低学年においては「生活科」、中学校では「総合的な学習の時間」を経験しました。

　生活科においては、教室から飛び出し、屋外で活動することが何より楽しみだったことを記憶しています。特に、学級のみんなと一緒に校地内を歩き、校舎から離れた茂みの中に大きなオレンジ色の花を見付けてとても感動したことを覚えています。後日、その花を図鑑で調べてオニユリという花だということを知りました。そのため、今でもオニユリの花をみると、そのときの記憶が鮮明に蘇ってきます。

　また、総合的な学習の時間においては、釧路湿原を調査する活動を行うことで、環境問題について考えました。学級の仲間と自然環境を守りつつも、豊かな生活を送るためにはどうすればよいかについて熱く議論したことを覚えています。また、情報を得るためにインターネットを活用して調べ、自分の考えをプレゼンテーションソフトでまとめて発表をしました。

　振り返ってみると、生活科や総合的な学習の時間においては、魅力的な対象との出会いを通して、現行学習指導要領でいうところの「問題発見・解決能力」や「情報活用能力」の基礎を身に付けることができたと感じています。また、一連の学習活動は、「探究する楽しさ」を知ることにつながりました。

　それらのことは、教師となった今でも、
「よりよい授業のために、どうすればよいだろう？」

「まずは、書籍等で自分なりに調べてみよう」
「一度、他の先生の意見を伺ってみたいな」
「実践をスライドにまとめておこう」
といったように、自らの生活の中で大いに生かされていると感じています。

 「探究する楽しさ」を実感する学習を目指して

　私は、現在、勤務校で生活科の研究を担当しています。対象と関わる活動や体験を通して、子供が自分と対象との関わりを深めることを大切にして指導を行っています。中でも、自分の存在・よさ・成長などといった「自分自身への気付き」を得て、実生活への意欲や自信をもてるようにすることは、私の生活科実践における大きなテーマです。このことは、私が小・中学校の頃の生活科や総合的な学習の時間の中で見いだした「探究する楽しさ」を子供が実感することでもあると考えます。

　昨年度、2年「うごくおもちゃけんきゅうじょ」の学習では、子供の自分や対象への気付きやそこで発揮される思考を「気付きの想定表」（**表1**）とし

表1　気付きの想定表

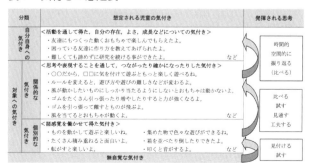

●Profile
きくち・ゆうき　1988年生まれ。子供の未来と可能性に向き合う教師の仕事にやりがいと魅力を感じ、教師を志しました。2012年度より8年間、北海道公立小学校教諭として勤務。2020年度より現職。2021年度より北海道教育大学教職大学院在学中。生活科主任として、「思いや願いの醸成・発展」「気付きの質の高まり」などを視点に生活科の学習づくりについて研究を進めています。また、GIGAスクール担当として、一人一台端末の効果的な活用や校務の情報化・効率化について組織的な取組を推進しています。
●モットー
馬には乗ってみよ　人には添うてみよ

て整理し、子供への指導と評価に生かしました。特に、この学習では、失敗を恐れずに試行錯誤を繰り返したり、友達と協働的に学んだりしながら粘り強くおもちゃづくりに取り組むことで、「探究する楽しさ」を実感することをねらいました。

A児は「風の力で遠くまで動く車をつくる」というめあてのもと、空き箱やペットボトルキャップなどを組み合わせて車体の両側に翼の付いた車をつくっていました。風を当てると車は前に進むものの、A児はより遠くへ進むように改良したいという思いをもっていました。

そこで、教師は、前に進むことを認めつつ、友達の様子を見たり、相談したりすることを促しました。すると、A児は、友達からのアドバイスを受け、翼として付けていた箱を半分に切り、箱の中に空気が入るように工夫することで、以前よりも車が遠くへ進むようになりました。この結果から、A児は「風を当てると車は動く」という気付きから「風がしっかり当たるように工夫しないと車は遠くへ動かない」という気付きに質が高まりました。

また、A児はその後の学習で、「風がしっかり当たるように工夫する」という気付きを生かし、翼の工夫に加えて、車体上部に帆を付けることで、より多くの風が当たるように工夫をしました。帆の形や大きさにもこだわり、試行錯誤することで納得した動きの車を完成することができました。

そして、単元全体の振り返りでは、「最初の自分はすぐ諦めてダメだったけれど、諦めないでもう一度やる方が良いということが分かったので自分が成長したと思っています」と書き記し、「探究する楽しさ」や自分自身の成長を自覚することができました。

 ## 「探究する楽しさ」を探究する教師に

前述のように、子供の「探究する楽しさ」を実感することを目指す学習を行う中で、私自身も子供の姿から多くを学びました。「気付きの想定表」を絶えず見直したり、この働きかけで良かったのかと振り返ったりして、私自身もより良い学習を「探究する楽しさ」を実感することができました。

学校では「主体的・対話的で深い学びの実現に向けた授業改善」「『個別最適な学び』と『協働的な学び』の一体的な充実」「GIGAスクール構想の実現」など様々なことが求められています。今後も子供たちが「探究する楽しさ」を実感できる学習を行えるようにするとともに、教師である自分自身も様々な教育課題の解決に向けて「探究する楽しさ」をもちながら実践を積み重ねていきたいと考えています。

A児のつくった風の力で動く車

[参考文献]
• 北海道教育大学附属旭川小学校『学習指導の実践研究　第69号』2022年 https://www.hokkyodai.ac.jp/fuzoku_asa_syo/study/r04kiyo.html

●令和３年度学校における教育の情報化の実態等に関する調査結果

▶ 　本誌特集「ニューノーマルの学校行事」（pp.7〜37）では、コロナ禍を通じて生まれた新たな取組を紹介しながら、豊かな学校生活と子どもたちの心身の成長を保障するという視点から "新しい日常" 下の学校行事の在り方・進め方を検討しています。

　その中のキーワードの一つが「ICT」です。人の交流や移動が制限される中、そしてGIGAスクール構想のもと１人１台端末配備が急ピッチで進む中、学校行事をはじめとする特別活動においても、ICTを取り入れた実践が各地で展開されてきました。集団活動や体験的な活動の代替としてではなく、つながりの可能性を広げる道具としてのICTの積極的な活用により、「様々な集団活動に自主的、実践的に取り組み、互いのよさや可能性を発揮しながら集団や自己の生活上の課題を解決することを通して」資質・能力の育成をめざす特別活動の一層の充実が今後期待されます。

　以下に掲載するのは、学校におけるICT環境に関する最新の調査結果です（令和４年３月１日現在〔速報値〕／令和４年８月31日公表）。１人１台端末配備の実現状況、無線LAN整備率等の全国・都道府県別データ、「教員のICT活用指導力」に関する調査結果を抜粋して紹介します。

令和３年度学校における教育の情報化の実態等に関する調査結果（概要）
（令和４年３月１日現在）〔速報値〕(抜粋)

令和４年８月
文部科学省

学校におけるICT環境の整備状況等

1. 学校における主なICT環境の整備状況等の推移

①教育用コンピュータ1台当たりの児童生徒数

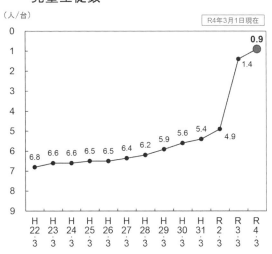

※「教育用コンピュータ」とは、主として教育用に利用しているコンピュータのことをいう。教職員が主として校務用に利用しているコンピュータ（校務用コンピュータ）は含まない。
※「教育用コンピュータ」は指導者用と学習者用の両方を含む。
※「教育用コンピュータ」はタブレット型コンピュータのほか、コンピュータ教室等に整備されているコンピュータを含む。

（参考）教育用コンピュータ台数と児童生徒数

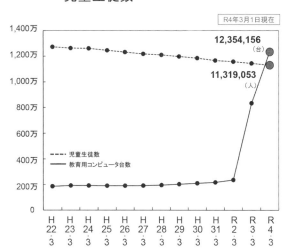

※ 教育用コンピュータ台数は、12,354,156台（令和3年3月は、8,343,901台）。
※ 児童生徒数は、11,319,053人（令和3年3月は、11,452,154人）。

②普通教室の無線LAN整備率

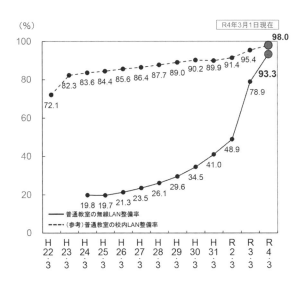

※ 普通教室の無線LAN整備率は、無線LANを整備している普通教室の総数を普通教室の総数で除して算出した値である。
※ 普通教室の校内LAN整備率は、校内LANを整備している普通教室の総数を普通教室の総数で除して算出した値である。

③インターネット接続率

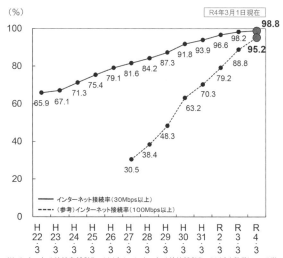

※ インターネット接続率（30Mbps以上）は、インターネット接続（30Mbps以上）を整備している学校の総数を、学校の総数からLTE等を用いて主として教育用に使用している学校を除いた数で除して算出した値である。
※ インターネット接続率（100Mbps以上）は、インターネット接続（100Mbps以上）を整備している学校の総数を、学校の総数からLTE等を用いて主として教育用に使用している学校を除いた数で除して算出した値である。
※ここでいう通信速度は、理論上の下り最大値である。

④普通教室の大型提示装置整備率

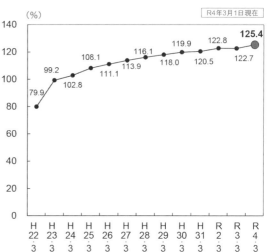

(%)　R4年3月1日現在

81.9

71.6
60.0
52.2
9.1 13.1 13.8 15.4 17.6 19.4 21.9 24.4 26.8

H22・3 H23・3 H24・3 H25・3 H26・3 H27・3 H28・3 H29・3 H30・3 H31・3 R2・3 R3・3 R4・3

※ 「大型提示装置」とは、プロジェクタ、デジタルテレビ、電子黒板のことをいう。
※ 平成30年3月までは、普通教室の電子黒板の整備率を調査している。普通教室の電子
黒板整備率は、電子黒板の総数を普通教室の総数で除出した値である。
※ 平成31年3月からは、大型提示装置の整備率を調査している。普通教室の大型提示装
置整備率は、大型提示装置を設置している普通教室数の総数を総普通教室数で除して
算出した値である。

⑤教員の校務用コンピュータ整備率

(%)　R4年3月1日現在

125.4
122.8 122.7
119.9 120.5
116.1 118.0
108.1 111.1 113.9
99.2 102.8
79.9

H22・3 H23・3 H24・3 H25・3 H26・3 H27・3 H28・3 H29・3 H30・3 H31・3 R2・3 R3・3 R4・3

※ 教員の校務用コンピュータ整備率は、校務用コンピュータの総数を教員の総数で除して算出
した値である。
※ 教員1人1台に加えて職員室等に設置している共用の校務用コンピュータをカウントしている
場合もあることから100%を超過する。

⑥統合型校務支援システム整備率

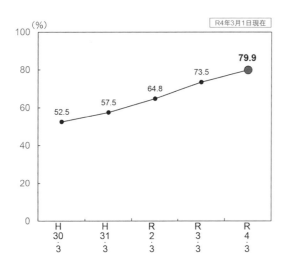

(%)　R4年3月1日現在

79.9
73.5
64.8
57.5
52.5

H30・3 H31・3 R2・3 R3・3 R4・3

※ 「統合型校務支援システム」とは、教務系（成績処理、出欠管理、時数管理等）、保健系（健
康診断票、保健室来室管理等）、学籍系（指導要録等）、学校事務系などを統合した機能を
有しているシステムのことをいう。
※ 統合型校務支援システム整備率は、統合型校務支援システムを整備している学校の総数を
学校の総数で除して算出した値である。

⑦指導者用・学習者用デジタル教科書整備率

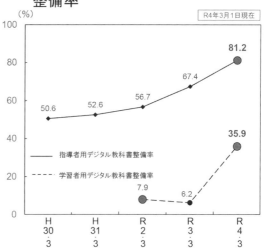

(%)　R4年3月1日現在

81.2
67.4
56.7
50.6 52.6

35.9
7.9 6.2

―― 指導者用デジタル教科書整備率
---- 学習者用デジタル教科書整備率

H30・3 H31・3 R2・3 R3・3 R4・3

※ここでいう「指導者用デジタル教科書」は、令和4年3月1日現在で学校で使用している教科書
に準拠し、教員が大型提示装置等を用いて児童生徒への指導用に活用するデジタルコンテン
ツ（教職員等が授業のため自ら編集・加工したものを除く）をいう。
※文部科学省から配布されている「Hi, friends!」「We Can!」「Let's Try!」はカウントしていない。
※「学習者用デジタル教科書」は、紙の教科書の内容を全て記載し、教育課程の一部または全
部において、学校で使用している紙の教科書に代えて児童生徒が使用できるものをいう。

3. 都道府県別　学校における主なICT環境の整備状況等

①教育用コンピュータ1台当たりの児童生徒数

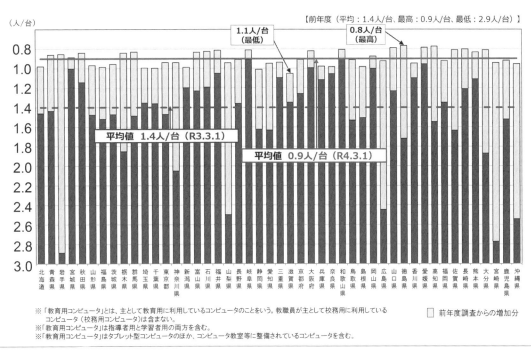

※「教育用コンピュータ」とは、主として教育用に利用しているコンピュータのことをいう。教職員が主として校務用に利用している
　コンピュータ（校務用コンピュータ）は含まない。
※「教育用コンピュータ」は指導者用と学習者用の両方を含む。
※「教育用コンピュータ」はタブレット型コンピュータのほか、コンピュータ教室等に整備されているコンピュータを含む。

②普通教室の無線LAN整備率

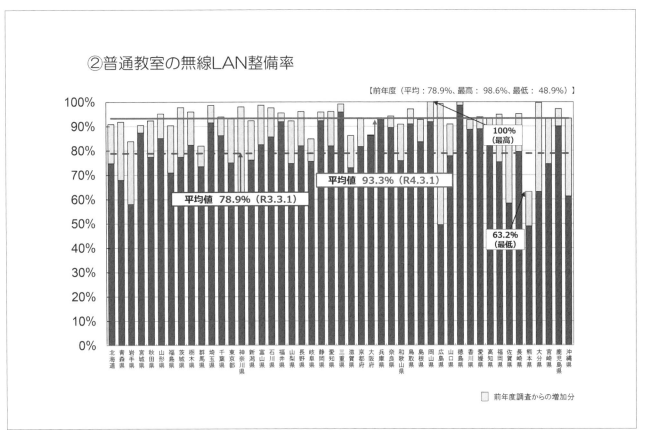

③インターネット接続率（30Mbps以上）

【前年度（平均：98.2％、最高：100％、最低：75.6％）】

100%（最高）

75.0%（最低）

平均値 98.2％（R3.3.1）　平均値 98.8％（R4.3.1）

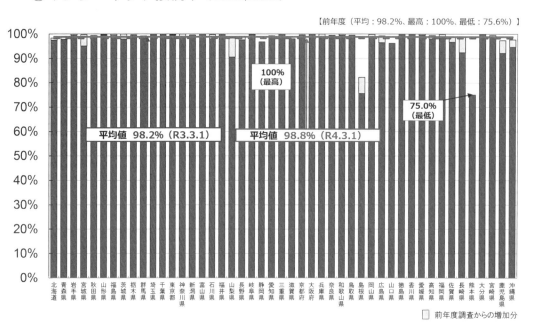

□ 前年度調査からの増加分

※ここでいう「インターネット接続率」は、主たる接続回線が光ファイバー接続である学校数を全ての学校数で除して算出した値である。
※ここでいう通信速度は、理論上の下り最大値である。

④普通教室の大型提示装置整備率

【前年度（平均：71.6％、最高：90.8％、最低：29.6％）】

94.9%（最高）

平均値 71.6％（R3.3.1）　平均値 81.9％（R4.3.1）

51.1%（最低）

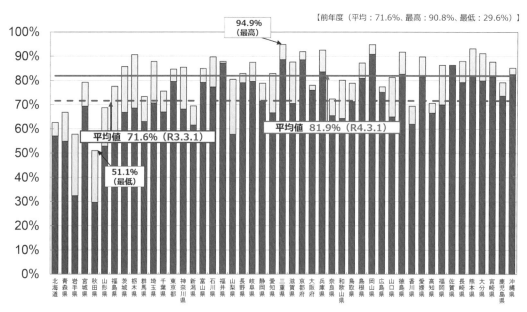

□ 前年度調査からの増加分

※「大型提示装置」とは、プロジェクタ、デジタルテレビ、電子黒板のことをいう。
※ 平成31年3月からは、大型提示装置の整備率を調査している。普通教室の大型提示装置整備率は、大型提示装置を設置している
　普通教室数の総数を総普通教室数で除して算出した値である。（平成30年度新規調査項目）

⑤教員の校務用コンピュータ整備率

【前年度（平均：122.7%、最高：146.7%、最低：106.6%）】

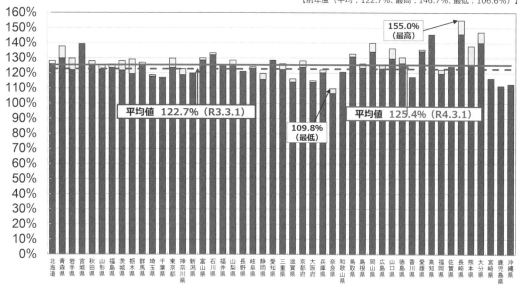

平均値 122.7%（R3.3.1）

155.0%（最高）

109.8%（最低）

平均値 125.4%（R4.3.1）

※教員の校務用コンピュータ整備率は、校務用コンピュータの総数を教員の総数で除して算出した値である。
※教員1人1台に加えて職員室等に設置している共用の校務用コンピュータをカウントしている場合もあることから100%を超過する。

□ 前年度調査からの増加分

⑥統合型校務支援システム整備率

【前年度（平均：73.5%、最高：100%、最低：21.7%）】

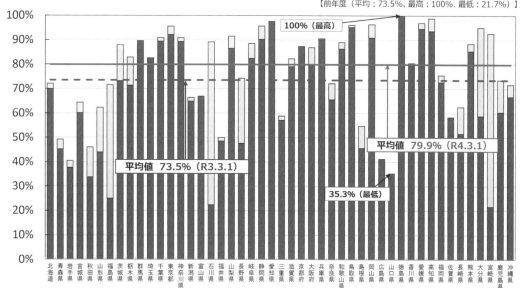

100%（最高）

平均値 73.5%（R3.3.1）

平均値 79.9%（R4.3.1）

35.3%（最低）

□ 前年度調査からの増加分

教員のICT活用指導力

---

1. 教員のICT活用指導力の状況 （16小項目別）

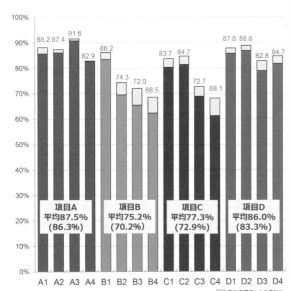

A	教材研究・指導の準備・評価・校務などにＩＣＴを活用する能力
A1	教育効果を上げるために，コンピュータやインターネットなどの利用場面を計画して活用する。
A2	授業で使う教材や校務分掌に必要な資料などを集めたり，保護者・地域との連携に必要な情報を発信したりするためにインターネットなどを活用する。
A3	授業に必要なプリントや提示資料，学級経営や校務分掌に必要な文書や資料などを作成するためにワープロソフト，表計算ソフトやプレゼンテーションソフトなどを活用する。
A4	学習状況を把握するために児童生徒の作品・レポート・ワークシートなどをコンピュータなどを活用して記録・整理し，評価に活用する。
B	授業にＩＣＴを活用して指導する能力
B1	児童生徒の興味・関心を高めたり，課題を明確につかませたり，学習内容を的確にまとめさせたりするために，コンピュータや提示装置などを活用して資料などを効果的に提示する。
B2	児童生徒に互いの意見・考え方・作品などを共有させたり，比較検討させたりするために，コンピュータや提示装置などを活用して児童生徒の意見などを効果的に提示する。
B3	知識の定着や技能の習熟をねらいとして，学習用ソフトウェアなどを活用して，繰り返し学習する課題や児童生徒一人一人の理解・習熟の程度に応じた課題などに取り組ませる。
B4	グループで話し合って考えをまとめたり，協働してレポート・資料・作品などを制作したりするなどの学習の際に，コンピュータやソフトウェアなどを効果的に活用させる。
C	児童生徒のＩＣＴ活用を指導する能力
C1	学習活動に必要な，コンピュータなどの基本的な操作技能（文字入力やファイル操作など）を児童生徒が身に付けることができるように指導する。
C2	児童生徒がコンピュータやインターネットなどを活用して，情報を収集したり，目的に応じた情報や信頼できる情報を選択したりできるように指導する。
C3	児童生徒がワープロソフト・表計算ソフト・プレゼンテーションソフトなどを活用して，調べたことや自分の考えを整理したり，文章・表・グラフ・図などに分かりやすくまとめたりすることができるように指導する。
C4	児童生徒が互いの考えを交換し共有して話合いなどができるように，コンピュータやソフトウェアなどを活用することを指導する。
D	情報活用の基盤となる知識や態度について指導する能力
D1	児童生徒が情報社会への参画にあたって自らの行動に責任を持ち，相手のことを考え，自他の権利を尊重して，ルールやマナーを守って情報を集めたり発信したりできるように指導する。
D2	児童生徒がインターネットなどを利用する際に，反社会的な行為や違法な行為，ネット犯罪などの危険を適切に回避したり，健康面に留意して適切に利用したりできるように指導する。
D3	児童生徒が情報セキュリティの基本的な知識を身に付け，パスワードを適切に設定・管理するなど，コンピュータやインターネットを安全に利用できるように指導する。
D4	児童生徒がコンピュータやインターネットの便利さに気付き，学習に活用したり，その仕組みを理解したりしようとする意欲が育まれるように指導する。

※ （ ）内の数値は前年度の値。
※ 文部科学省「教員のICT活用指導力チェックリストの改訂等に関する検討会」において，平成30年度に取りまとめられた4つの大項目（A～D）と16の小項目（A1～D4）からなるチェックリストに基づき，令和3年度において授業を担当している教員が自己評価を行う形で調査を行った。
※ 16の小項目（A1～D4）ごとに「できる」「ややできる」「あまりできない」「まったくできない」の4段階評価を行い，「できる」若しくは「ややできる」と回答した教員の割合を，大項目（A～D）ごとに平均して算出した値。

2. 都道府県別　教員のICT活用指導力の状況

①大項目A　教材研究・指導の準備・評価・校務などにICTを活用する能力

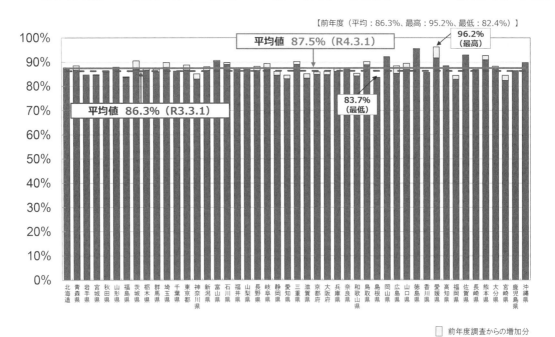

②大項目B　授業にICTを活用して指導する能力

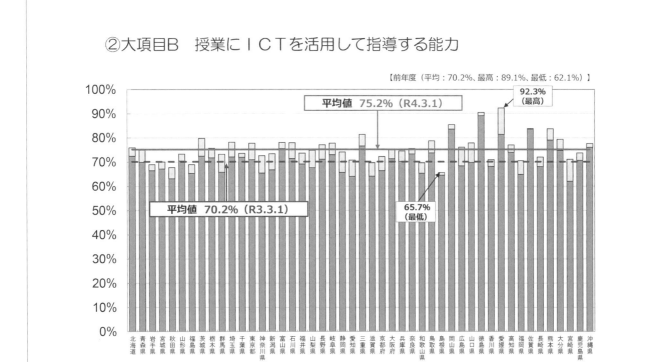

③大項目C　児童生徒のＩＣＴ活用を指導する能力

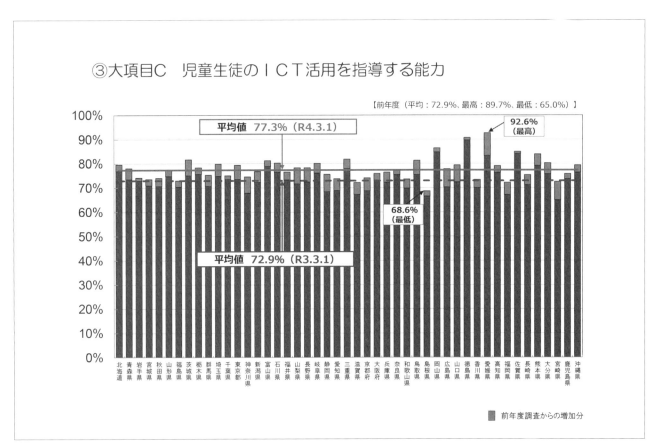

④大項目D　情報活用の基盤となる知識や態度について指導する能力

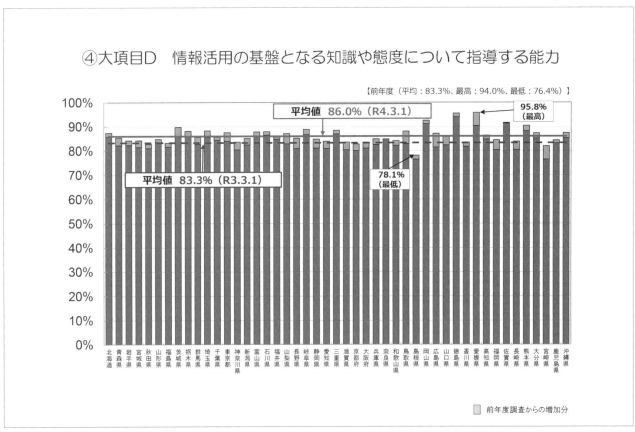

［出典］文部科学省　https://www.mext.go.jp/a_menu/shotou/zyouhou/detail/mext_00023.html

●研修履歴を活用した対話に基づく受講奨励に関するガイドライン

▶　令和４年７月の教員免許更新制の発展的解消を受け、新しい研修制度——教育委員会による教師の研修履歴の記録の作成と、研修履歴を活用した資質向上に関する指導助言等の仕組み——が令和５年４月１日から実施されることとなりました。

　ここに掲載するガイドラインは、改正教育公務員特例法の第22条の６第２項（令和５年４月１日施行／下記参照）に規定する資質の向上に関する指導助言等（「対話に基づく受講奨励」）の考え方として文部科学省が令和４年８月31日に公表したものです。文部科学省は「令和５年４月１日の施行を待つことなく、可能なことから着手し、できる限り速やかに今回の制度改正の趣旨を実現する取組がなされることが望ましい」としています（本ガイドライン「はじめに」）。

〔参考〕教育公務員特例法（令和５年４月１日施行）
　（資質の向上に関する指導助言等）
　第22条の６　公立の小学校等の校長及び教員の指導助言者は、当該校長及び教員がその職責、経験及び適性に応じた資質の向上のための取組を行うことを促進するため、当該校長及び教員からの相談に応じ、研修、認定講習等その他の資質の向上のための機会に関する情報を提供し、又は資質の向上に関する指導及び助言を行うものとする。
　２　公立の小学校等の校長及び教員の指導助言者は、前項の規定による相談への対応、情報の提供並びに指導及び助言（次項において「資質の向上に関する指導助言等」という。）を行うに当たつては、当該校長及び教員に係る指標及び教員研修計画を踏まえるとともに、当該校長及び教員の研修等に関する記録に係る情報を活用するものとする。
　３　（略）

研修履歴を活用した対話に基づく受講奨励に関するガイドライン（抜粋）

令和４年８月
文部科学省

はじめに

○　教育公務員特例法及び教育職員免許法の一部を改正する法律（令和４年法律第40号）により、教育委員会による教師の研修履歴の記録の作成と当該履歴を活用した資質向上に関する指導助言等の仕組みが、令和５年４月１日から施行されることとなった。他方、中央教育審議会「令和の日本型学校教育」を担う教師の在り方特別部会で取りまとめられた「『令和の日本型学校教育』を担う新たな教師の学びの実現に向けて　審議まとめ」（令和３年11月15日）（以下「審議まとめ」という。）においては、新たな教師の学びが求められており、この仕組みを含む新たな教師の学びを早期に実現していく観点からは、令和５年４月１日の施行を待つことなく、可能なことから着手し、できる限り速やかに今回の制度改正の趣旨を実現する取組がなされることが望ましい。

○　このため、教育委員会における事務の適切な執行に資するよう、本制度改正に関する基本的考え方を示した教育公務員特例法第22条の２第１項の指針に基づき、その具体的な内容や手続等の運用について、ガイドラインを定めるものである。本ガイドラインでは、基本的に、教育委員会の所管に属する学校の教師を対象とした、研修履歴を活用して行う、教育公務員特例法第22条の６第２項に規定する資質の向上に関する指導助言等（以下「対話に基づく受講奨励」という。）の考え方を記載するが、幼保連携型認定こども園の教師については、「教育委員会」を「地方公共団体の長」として読み替える。

○　なお、本ガイドラインにおいては、広く教師の資質向上のための取組を「研修等」とし、また、このような資質向上のための取組の記録を「研修履歴」と表記する。

第1章 「令和の日本型学校教育」を担う新たな教師の学びの姿の実現

２．新たな教師の学びの姿の実現のための研修推進体制

（２）服務監督権者や学校における研修推進体制の整備

○ 服務監督権者である教育委員会においては、所管する学校の教師に対し、都道府県教育委員会をはじめ、大学・教職大学院等とも連携しつつ、地域の特色や実情を踏まえた研修を自ら企画・実施することや、研修主事などの校内における研修の中核的な役割を担う分掌の設置を含む校務分掌に係る規定の整備などにより、教師の質向上に向けた支援体制を整えることが重要である。

○ また、服務監督権者である教育委員会が主体性を持って、研修講師のネットワークの構築などを通じた各学校への情報提供、各学校の校内研修の取組状況の把握と好事例の横展開を行うなど、学校横断的な支援に取り組むことが期待される。

○ 加えて、校内における教師同士の学び合いやチームとしての研修の推進は、教師の「主体的・対話的で深い学び」にも資することから、校長のリーダーシップの下での、全校的な学び合い文化の醸成や、そのための協働的な職場環境づくりが期待される。また、校内全ての教師の専門性を生かして、真に全校的な学び合い文化を醸成するためには、教諭等とは異なる専門性を有する養護教諭や栄養教諭等も含め、一丸となってこのような校内文化を作っていく必要がある。その際、研修履歴を活用した対話に基づく受講奨励そのものではないが、日常的に指導助言や支援を行う立場にある主幹教諭などのミドルリーダーや研修に関して中核的な役割を担う教師、メンター等の協力を得つつ、校内の研修推進体制を整えることが、対話に基づく受講奨励の実効性を高めることにも寄与すると考えられる。

○ 教師同士の学び合いは、校内だけでなく、学校を越えて行うことも考えられる。校内の同僚教師

だけでなく、同一校種の他の学校の教師、別の学校種の教師など日常的に接する機会が少ない教師との協働的な学びは、対話を通じて、他の教師の教育実践を傾聴したり、自らの教育実践を振り返ったりすることで、自らの経験を再構成することにつながり、専門職としての教師の成長がより深化していく。さらに、教育委員会の指導主事、大学教員、民間企業等の専門家などの同じ職種ではない別の立場の者からの指導助言や意見などを含む対話も、多様な他者との対話から得られる学びとして、教師の職能成長の促進に寄与することから、校長等の学校管理職や研修に関して中核的な役割を担う教師は、校内研修と関連させながら、このような学校外部の者を交えた学びの機会を調整していくことが期待される。

第2章 研修履歴を活用した対話に基づく受講奨励に関する基本的考え方

１．基本的考え方

○ 研修履歴の記録は、指標や教員研修計画を踏まえて行う教育公務員特例法第22条の6の規定による対話に基づく受講奨励において活用されることが基本である。その中で各教師が学びの成果を振り返ったり、自らの成長実感を得たりすることが一層可能になると考えられる。また、これまで受けてきた研修履歴が可視化されることにより、無意識のうちに蓄積されてきた自らの学びを客観視した上で、さらに伸ばしていきたい分野・領域や新たに能力開発をしたい分野・領域を見出すことができ、主体的・自律的な目標設定やこれに基づくキャリア形成につながることが期待される。

○ 対話に基づく受講奨励は、教師と学校管理職とが対話を繰り返す中で、教師が自らの研修ニーズと、自分の強みや弱み、今後伸ばすべき力や学校で果たすべき役割などを踏まえながら、必要な学びを主体的に行っていくことが基本である。「新たな教師の学びの姿」が、変化の激しい時代にあって、教師が探究心を持ちつつ、自律的に学ぶ

こと、主体的に学びをマネジメントしていくことが前提であることを踏まえ、対話に基づく受講奨励は、教師の意欲・主体性と調和したものとなるよう、当該教師の意向を十分にくみ取って行うことが望まれる。

○ 研修履歴を活用して対話に基づく受講奨励を行うことにより、

・教師が今後どの分野の学びを深めるべきか、

・学校で果たすべき役割に応じてどのような学びが必要か、

等について、学校管理職による効果的な指導助言等が可能となるとともに、個々の教師の強みや専門性を把握した上で校務分掌を決定するなど効果的な学校運営を行うことも可能になると考えられる。

3．研修履歴を活用した対話に基づく受講奨励の内容・方法等

（3）研修履歴の記録の範囲

○ 任命権者は、教育公務員特例法第22条の5の規定に基づき、校長及び教員ごとに研修履歴の記録を作成する必要があるが、同条第2項では、当該記録には、

i）研修実施者（※）が実施する研修（第1号）

ii）大学院修学休業により履修した大学院の課程等（第2号）

iii）任命権者が開設した免許法認定講習及び認定通信教育による単位の修得（第3号）

iv）資質の向上のための取組のうち任命権者が必要と認めるもの（第4号）

を記載することとされている。

このうち、iv）資質の向上のための取組のうち任命権者が必要と認めるものについては、任命権者の判断により記録すべき研修等を設定することとなるが、記録対象とする研修等の内容の適切性も含め、任命権者の責任において判断する必要がある。この際には、記録すること自体が目的化することなく、研修履歴を活用した対話に基づく受

講奨励の効果的・効率的な実施という観点から判断を行うことが重要である。

※ 「研修実施者」とは、教育公務員特例法第20条第1項に規定する研修実施者をいい、中核市の県費負担教職員の場合は当該中核市教育委員会、市町村が設置する中等教育学校（後期課程に定時制の課程のみを置くものを除く。）の県費負担教職員の場合は当該市町村教育委員会、それ以外の場合は任命権者のことを指す。

○ 以下のように、上記i）～iii）は「①必須記録研修等」と、iv）は「②その他任命権者が必要と認めるものに含まれ得る研修等」に整理される。これらの内容は、次ページ以降に詳述する。

＜研修履歴の記録の範囲一覧＞

①必須記録研修等
　i）研修実施者が実施する研修
　ii）大学院修学休業により履修した大学院の課程等
　iii）任命権者が開設した免許法認定講習及び認定通信教育による単位の修得
②その他任命権者が必要と認めるものに含まれ得る研修等
　・職務研修として行われる市町村教育委員会等が実施する研修等
　・学校現場で日常的な学びとして行われる一定の校内研修・研究等
　・教師が自主的に参加する研修等

○ 法律に基づく研修履歴の記録は、改正教育公務員特例法の施行日（令和5年4月1日）以後に行われた研修がその対象となる。しかし、教師個人の教職生涯を通じた資質向上を図る観点から、入職から現在までの研修履歴を蓄積し、それを振り返ることができるようにすることは有効であることから、当該施行日前に行われた研修についても、その性質に応じて記録を作成することが考えられる。

○ 過去に別の任命権者の下で採用されていた者な

ど、現在の任用関係に入る前の研修履歴については、可能な限り、前の任命権者や教師本人から情報提供を受けるなどして、記録を作成することが望ましい（「（2）研修履歴の記録の目的」も参照）。

> ①必須記録研修等（教育公務員特例法第 22 条の5第2項第1号～第3号）

上記のとおり、ⅰ）研修実施者が実施する研修（同項第1号）、ⅱ）大学院修学休業により履修した大学院の課程等（同項第2号）、ⅲ）任命権者が開設した免許法認定講習及び認定通信教育による単位の修得（同項第3号）については、必ず研修履歴を記録する必要がある。

ⅰ）研修実施者が実施する研修（同項第1号）には、主に教育センター等 が主催する研修のほか、教育事務所や教育委員会事務局各課室等が主催するものが想定される。また、年度途中に企画・実施されるものも含めて、多種多様な研修が含まれるところ、任命権者が実施するおよそ全ての研修の受講履歴が記録の対象となるが、いわゆる「研修」と称されるものには、資質の向上を目的に行われるものと、事実上の情報提供や説明会に留まるものの双方が想定されるが、後者と判断されるものは記録の対象としないことも考えられる。

> ②その他任命権者が必要と認めるもの（教育公務員特例法第22条の5第2項第4号）に含まれ得る研修等

①の必須記録研修等のほか、②その他任命権者が必要と認めるものに含まれ得る研修等としては、職務研修として行われる市町村教育委員会等が実施する研修等、学校現場で日常的な学びとして行われる一定の校内研修・研究等、教師が自主的に参加する研修等がある。

（職務研修として行われる市町村教育委員会等が実施する研修等）

職務研修として行われる市町村教育委員会等が実施する研修については、服務監督権者である教育委員会や校長等の判断の下、高い必要性に鑑みて、職務として受けるものであることから、研修履歴の記録を作成することが望ましい。

また、学校管理職等がその内容を把握可能であり、一般的に職務研修に準ずる内容が求められる職専免研修については、研修履歴の記録を作成することが考えられる。

なお、市町村教育委員会が実施する研修等であっても、市町村立幼稚園の教師については、任命権者が市町村教育委員会であることから、市町村立幼 稚園の教師の場合、当該研修等は①必須記録研修等と整理されることに留意すること。同様に、市町村立幼保連携型認定こども園の保育教諭についても、任命権者が市町村の長であることに留意すること。

（学校現場で日常的な学びとして行われる一定の校内研修・研究等）

校内研修・研究等の学校現場における日常的な学びについては、その時期・頻度・方法等を含め、多様なスタイルで行われることが想定される。そのため、一律にその研修履歴の記録を作成することになじまない側面があるが、教職生涯を通じた資質向上を図る上で教師個人の研修履歴を蓄積し、それを振り返るという趣旨に適う一定の校内研修・研究等は、研修履歴の記録を作成することが考えられる。このような校内研修・研究等としては、例えば、国・都道府県・市町村による研究委託（指定）や、年間を通じて、学校ごとに主題を設定した上で組織的に行う研究活動など、各地域・学校の教育課題に即して学校全体で体系的・計画的に学び合い、振り返りながら資質向上を図るものが想定される。一方で、情報伝達を目的とするものや、例年確認的に行われているもの

などは、記録のための記録となり、教師の負担が高まる可能性があり、記録にはなじまないと考えられる。

○　なお、①必須記録研修等及び②のうち以上のようなものに関しては、免許状更新講習を含め、改正教育公務員特例法の施行日前に行われた研修等で、特に当該施行日前から既に一定程度の研修履歴の記録がある場合等においては、任命権者において適切と判断されるものについて、その性質に応じて研修履歴の記録を作成することも考えられる。

（教師が自主的に参加する研修等）

　教師が自主的に参加する研修等（職専免研修を除く。以下同じ。）には、例えば、任命権者以外の市町村、教職員支援機構、大学・教職大学院、教科研究会、民間企業等の様々な主体が主催する研修・講習が考えられる。このような研修履歴を記録することは、教師が自らの学びを振り返ったり、校長等と対話を行ったりする上で有益な場合も多いと考えられる。他方、このような研修等に関してすべからく記録を求めることは、その記録の負担のために、オンライン動画を視聴したり、見聞を広めるために研修に参加したりすることをためらうことも考えられる。また、不定形のために詳細な把握が困難なものや勤務時間外に行われるものなど、多様な内容・スタイルの学びが含まれることが想定される。これらに鑑み、教師が自主的に参加する研修等については、教師の申告により選択的に記録することを原則にすることが適当だと考えられる。

（8）対話に基づく受講奨励の方法・時期

①学校管理職以外の教師への対話に基づく受講奨励（教育公務員特例法第22条の5及び第22条の6の規定による研修履歴を活用した対話に基づく受講奨励）

○　指標や教員研修計画を踏まえつつ、研修履歴を

活用して行う対話に基づく受講奨励は、法律上、指導助言者である教育委員会が行うこととされているが、実際上は、その直接の指揮監督に服し、所属職員の日常の服務監督を行う校長が行うことが想定される。校長は、所属職員を監督し、人材育成を含む校務全般をつかさどる立場にあることから、学校組織を構成する個々の教師の資質向上を促す第一義的な責任主体と言える。その上で、校長は、適切な権限の委任の下で、副校長・教頭などの他の学校管理職とも役割分担しつつ、研修履歴を活用して、対話に基づき教師の資質向上に関する指導助言等を行うとともに、これら他の学校管理職に対しては、校長自ら指導助言等を行うことが想定される。このように研修履歴を活用した対話に基づく受講奨励は、学校管理職が行うことが基本であるが、場合によっては、当該学校の規模や状況に応じて、適切な権限の委任の下で、主幹教諭など学校管理職以外の者に対して、研修履歴を活用した対話に基づく受講奨励の一部を担わせることも可能である。これらの場合には、あらかじめ、その役割分担や対象とする教師の範囲などの共通認識を図っておくことが望ましい。

○　任命権者等は、このような研修履歴を活用した対話に基づく受講奨励に関して①任命権者である教育委員会（研修履歴の作成・提供・閲覧等の観点）、②研修実施者である教育委員会（研修事業を企画・実施する観点）、③指導助言者である教育委員会及び④学校管理職等の役割分担について、教員研修計画に記載することが望ましい。県費負担教職員の指導助言者となる市町村教育委員会は、都道府県教育委員会が策定する教員研修計画に定められる研修履歴を活用した対話に基づく受講奨励の内容・方法等に関する「基本的な事項」（例：教育委員会と学校管理職等の役割分担、面談の実施方法・時期、研修履歴の記録・提出等に関する基本的考え方など）を踏まえた上で、教育委員会と学校管理職等の具体的な役割分担につ

いて、要項等で定めることも考えられる。

○ 研修履歴を活用した対話に基づく受講奨励に当たっては、人事評価制度との趣旨の違いには留意しつつ、例えば、人事評価に関わる期首面談や期末面談の機会を活用することが想定される。なお、地方公務員法（昭和25年法律第261号）の規定により行われる人事評価に関しては、校長等の管理職が、日常の職務行動の観察を通じて得られた情報などを総合的に踏まえつつ、期末面談等の機会に各教師が発揮した能力や挙げた業績を確認した上で、評価が実施されるものであり、研修履歴や研修量の多寡そのものが人事評価に直接反映されるものではない。一方、研修を行った結果として各教師が発揮した能力や挙げた業績については、人事評価の対象となる。

○ その際、期首面談の場においては、
・学校管理職等は、①指標・教員研修計画や教師個人の職責・経験・適性に照らした人材育成、②学校が目指す教育を進めるために必要な専門性・能力の確保などの観点から行う、過去の研修履歴を活用した研修受講の奨励（情報提供や指導助言）を行うこと
・教師は、①自らの専門職性を高めるために主体的に学びをマネジメントしたり、②学校を支える力を獲得・強化する観点から自らの職能開発のニーズも踏まえた目標設定をすること
が考えられる。

○ 期末面談の場においては、
・学校管理職等は、当該年度の繁忙状況等を考慮した上での教師個人の職能開発の参加状況、OJT や校内研修等の実施状況を踏まえ、研修履歴を振り返りながら、今後の資質向上のための指導助言を行うこと
・教師は、研修履歴を活用しつつ、OJT や校内研修、校外研修などによる学びの成果や自らの成長実感、今後の課題などを振り返ること
・学校管理職等と教師が、これらを通じて、成長段階に応じて指標に定められた資質能力がどれ

くらい身につけられているかを確認・共有するほか、次年度以降の職能開発の目標を話し合うこと
などが考えられる。

○ このほか、研修履歴を活用した対話に基づく受講奨励は、①教師の意欲や主体性の尊重、②学校組織としての総合的な機能の発揮、③教師個人の人材育成の観点などから、これらが調和した効果的な職能開発を行うためのプロセスであることから、定型的な面談のほか、様々な機会をとらえて、対話に基づく受講奨励を行うことが望ましい。

（職や教科の専門性に応じた受講奨励）

○ 養護教諭や栄養教諭など、校内において一人又は少数しか配置されない教師については、その職特有の専門性に通じた学校管理職が当該学校内にいない場合が想定される。このため、域内の複数校によるネットワークの構築などにより、同職種の教師間でのノウハウの伝承や学び合いを積極的に取り入れることにより、当該専門性に係る資質の向上を図ることが有効と考えられる。また、これらの職種の教師が校内で果たす役割に鑑みれば、その職特有の専門性のみに過度に偏重することなく、異職種の教師間での学び合い等も積極的に進める必要がある。

各学校においてこれらの取組が円滑に行われるよう、教育委員会が主体的に学校横断的な役割を果たし、教育センターや教育事務所の指導主事による指導助言、域内の養護教諭・栄養教諭等の関係団体との連携協力体制の構築等を進めていくことが望まれる。その上で、学校管理職は、指導主事や他校に在籍する同職種の教師の協力を得て、その職特有の専門的な指導助言等を依頼するなど、学校内外を通じた継続的な資質向上の推進体制を整えることが望ましい。

○ また、教科の専門性に係る資質向上についても、学校管理職は、自らの専門外の教科指導等に関し、校内の同じ教科の教師を通じて所属教師の

指導状況の把握や指導助言をしたり、あるいは域内の同じ教科の教師の協力を得て、所属教師に対する指導助言等を依頼するなど、学校内外を通じた継続的な連携協力体制を整えることが有効である。その際、教育センターや教育事務所の指導主事による指導助言を活用するなど、教育委員会が主体的に学校横断的な役割を果たしていくことが望まれる。

②校長等の学校管理職への対話に基づく受講奨励

○　法律に基づく研修履歴を活用した対話に基づく受講奨励の対象には、校長等の学校管理職も含まれる。校長以外の副校長や教頭については、①の例に準じて、基本的に校長が研修履歴を活用した対話に基づく受講奨励を行うことが想定される。

○　校長については、一義的には服務監督権者である教育委員会等が、研修履歴を活用した対話に基づく受講奨励の主体となる。実際には、教育長や教育委員会事務局職員等が受講奨励の主体となることが考えられ、例えば、人事評価における期首・期末面談の場を活用した教育長等による受講奨励が想定される。校長への対話に基づく受講奨励に当たっては、一般の教師と同じく、指標や教員研修計画を踏まえつつ、研修履歴を活用することとなるが、校長職に採用される前の副校長・教頭職にあったときの研修履歴なども考慮した上で、校長としての資質向上を図ることが望ましい。その際、校長に求められる資質能力として人材育成が大きな柱となることは言うまでもなく、特に所属職員への対話に基づく受講奨励の主体としての役割や具体的な人材育成手法について、服務監督権者である教育委員会等や任命権者による個々の校長の経験、適性等に応じた体系的・計画的な支援が行われることが期待される。

第3章　研修受講に課題のある教師への対応

1．基本的考え方

○　一人一人の教師が、自らの専門職性を高め、誇

りを持って主体的に研修を行うためには、教師の意欲と主体性を尊重することが重要である。研修履歴を活用した対話に基づく受講奨励の仕組みにおいても、この考え方は同様であり、教師と学校管理職等とがこれまでの研修履歴を活用しながら対話を行い、それを踏まえた研修の実施や受講の奨励を行うことが基本である。

○　その上で、期待される水準の研修を受けているとは到底認められない場合など、やむを得ない場合には職務命令（注）を通じて研修を受講させる必要もあると考えられる。

（注）一般的に教育センターで実施される研修など校外研修に参加する場合に出張命令などという形で職務命令を伴うが、本章で用いる「職務命令」とは、学校管理職等と教師との対話の中で十分な相互理解が図られない結果、学校管理職等から出す研修受講命令を想定している。

2．期待される水準の研修を受けているとは到底認められない場合

○　合理的な理由なく法定研修や、教員研修計画に定められた対象者悉皆の年次研修等に参加しない場合のほか、勤務上の支障がないにもかかわらず、必要な校内研修に参加しない場合や、合理的な理由なく研究授業や授業公開における授業者としての参加を拒絶する場合、校内研修に形式的に参加するものの実際には他の業務を行うといった実質的に研修に参加しているとは言えない場合などは、当然、期待される水準の研修を受けているとは認められない。このような場合は、通常、学校管理職等による服務指導によって対処されるべき問題であるが、このような行為が繰り返されたり、常態化している場合には、行為態様の状況を総合的に勘案した上で、職務命令を通じて適切な研修受講を命じることが考えられる。

○　加えて、児童生徒等や学校を巡る状況の変化に速やかに対応する観点、地域・学校ごとの教育目標の達成や教育課題の解決に向けて必要な対応力を確保するといった観点などから、ICTや特別な

配慮・支援を必要とする子供への対応など特定分野の資質の向上を図る強い必要性が認められるにもかかわらず、研修履歴を活用した対話に基づく受講奨励のプロセス等を通じて学校管理職等から教師に対し特定の研修受講等を再三促してもなお、一定期間にわたって、合理的な理由なく当該特定分野に係る研修に参加しないなど資質向上に努めようとする姿勢が見受けられない場合など、やむを得ない場合には、職務命令を通じて特定の研修受講を命じることもあり得る。その際、万が一、これに従わないような事例が生じた場合は、事案に応じて、人事上又は指導上の措置を講じることもあり得る。

○ なお、このような教師に対して職務命令を通じて研修受講を命じる場合には、できる限り、研修権者・服務監督権者である教育委員会とも情報共有・相談の上、研修受講を命じることが望ましい。また、服務監督権者である教育委員会は、教師の効果的な資質向上の観点から、必要に応じて、資質向上を含めた人事管理全般を担う任命権者とも情報共有の上、学校管理職等に対して必要な指導助言等を行うことが望ましい。

3．「指導に課題のある」教員に対する研修等

○ 「指導に課題のある」教員（注1）に対する研修等については、これまでも、任命権者、服務監督権者、学校管理職等において、その取組が進められてきたが、今般の研修履歴を記録する仕組みと対話に基づく受講奨励のプロセスを通じて、そのような教師に対する対処を更に早期に、かつ、効果的に行うことが可能になると期待される。

○ 「指導に課題のある」教員の早期発見・早期対処については、一般的に、日常の服務監督の一環として行われる場合のほか、人事評価における面談などを通じて行われることが考えられる。その対処を効果的なものとするためには、今般の研修履歴を活用した対話に基づく受講奨励の仕組みとも関連させながら、教師一人一人に応じた継続的

な研修の受講を通じてその資質向上を図っていくことが望ましい。

○ その際、当該教師の資質能力や、研修履歴を含めたこれまでの経験、適性等を自ら見つめ直すとともに、学校管理職等からの指導助言も受けて、自らを客観視することが重要と考えられる。このため、人事評価との趣旨の違いに十分留意しつつ、指標を踏まえて、自らの更に伸ばすべき分野・領域や、補い、改善すべき分野・領域について、自己評価及び学校管理職等による評価を行い、これを踏まえた研修計画書を作成し、研修受講につなげることが考えられる。

○ なお、このような教師の抱える課題の程度に応じて、研修権者・服務監督権者である教育委員会、任命権者である教育委員会とも情報共有・相談の上、対応することが望ましく、これらの教育委員会は、積極的に学校管理職等に対して必要な指導助言等を行うことが望ましい。

○ また、指導に課題のある教員のうち、情報提供や指導助言を行って実施された研修によってもなお指導の改善が見られず、より集中的な研修を必要とするものには、教育公務員特例法第25条に基づき、任命権者である教育委員会による「指導が不適切である」教員（注2）の認定やそれに引き続く指導改善研修に至るプロセスに入る可能性も考えられる。

指導が不適切な教員に対する人事管理については、「指導が不適切な教員に対する人事管理システムのガイドライン」（平成20年2月策定。令和4年8月一部改定）も参照されたい。

（注1）「指導に課題のある」教員とは、「指導が不適切である」との認定には至らないものの、教科等の指導に当たって一定の課題がみられる教員をいう。

（注2）「指導が不適切である」教員とは、知識、技術、指導方法その他教員として求められる資質、能力に課題があるため、日常的に児童等への指導を行わせることが適当ではない教諭等のうち、研修によって指導の改善が見込まれる者であって、直ちに分限処分等の対象とはならない者をいう。

終わりに

○　本ガイドラインは、研修履歴を活用した対話に基づく受講奨励に関し、教育委員会等における適正な運用に資するよう定めるものであるが、この前提となる「新たな教師の学びの姿」として求められているのは、審議まとめでも指摘されているように、一人一人の教師が、自らの専門職性を高めていく営みであると自覚しながら、誇りを持って主体的に研修に打ち込むことである。その鍵である、教師の個別最適な学び、協働的な学びの充実を通じた「主体的・対話的で深い学び」の実現は、児童生徒等の学びのロールモデルとなることにもつながる。

○　その意味で、この研修履歴を活用した対話に基づく受講奨励の意義は、研修の管理を強化するものではなく、教師と学校管理職とが、研修履歴を活用して対話を繰り返す中で、教師が自らの研修ニーズと、自分の強みや弱み、今後伸ばすべき力や学校で果たすべき役割などを踏まえながら、必要な学びを主体的に行っていくことにある。このため、研修履歴を記録・管理すること自体を目的化しない意識を十分に持ち、指標や教員研修計画とも相俟って、適切な現状把握と主体的・自律的な目標設定の下で、新たな学びに向かうための「手段」として研修履歴を活用することが重要である。同じく記録自体を目的化しない観点から、研修レポートなど教師個人から報告を求めるものは、真に必要なものに厳選し、簡素化を図るとと

もに、研修履歴の記録の方法についても、できる限り教師個人に負担のかからないような効率的な記録方法とすることも重要である。

○　本ガイドラインは教育委員会等における適正な運用の参考となるよう定めるものであり、特に研修履歴の記録に関し、本ガイドラインで「考えられる」と表記した各種内容については、指標や教員研修計画との関係性も考慮しつつ、法令で定める範囲内において、地域や学校の実情に応じて、いかにその効果を最大化させるかという点を常に意識する必要がある。

○　この仕組みを実効あるものとすべく、特に教科指導に係る指導助言などを含む効果的な対話に基づく受講奨励のためには、第1章2.の研修推進体制の整備と同時に、指導主事や主幹教諭の配置充実も含め、国と地方が一丸となって、指導体制の充実を図るとともに、学校における働き方改革を強力に進めていく必要があることについても、十分に留意しなければならない。

○　多様な専門性を有する質の高い教職員集団の構築に向け、多様な内容・スタイルの学びが重要視されていく中で、この研修履歴を活用した対話に基づく受講奨励の仕組みを、教師が自らの強みや得意分野の再認識と自信につながり、学び続け、成長する教師の「次なる学びのエンジン」としていくことが期待される。

〔出典〕文部科学省　https://www.mext.go.jp/content/20220831-mxt_kyoikujinzai01-000024760_4_2.pdf

増え続ける教育内容……………
主体的・対話的で深い学びの実現
働き方改革……………
コロナ禍・限られた授業時間……

**今こそ、学びのモードを変えるとき！
効率的・効果的で豊かな学びを造り出そう！**

「少ない時数で豊かに学ぶ」授業のつくり方
脱「カリュキュラム・オーバーロード」への処方箋

上智大学教授 **奈須正裕**【編著】

A5判・定価2,640円（10%税込）【電子版】価格2,640円（10%税込）

※本書は電子版も発行しております。ご注文は ぎょうせいオンラインショップ 検索 からお願いいたします。

●「カリキュラム・オーバーロード」とは。──

　学習指導要領改訂によって増えた教育内容、キャリア教育・食育・プログラミング教育等いわゆる○○教育への対応、SDGsやSTEAM教育などに求められる新たなテーマの取組──。**限られた授業時間にあって教えるべき内容は増え続け、今や教育内容は過積載（オーバーロード）の状況**となっており、国際的にも喫緊の問題となっています。

●学力は学習量ではない！──

　教科書の見方・考え方を鍛え、効果的なカリキュラムを構想することで、**少ない時数で深い学**が実現します。これこそ、2030年を見据えた学習指導要領見据えたが目指す学びです。**新たなモードによる授業づくり**のポイントを奈須正裕・上智大学教授を中心に気鋭の執筆陣が提案します。

試し読みは
こちらから！

株式会社 **ぎょうせい**

〒136-8575 東京都江東区新木場1-18-11

フリーコール
TEL：0120-953-431［平日9～17時］ **FAX：0120-953-495**
https://shop.gyosei.jp　ぎょうせいオンラインショップ 検索

教育実践ライブラリ Vol.3
ニューノーマルの学校行事

令和 4 年10月 1 日　第 1 刷発行

編集・発行　株式会社 **ぎょうせい**

〒136-8575　東京都江東区新木場1-18-11
URL：https://gyosei.jp

フリーコール　0120-953-431

ぎょうせい　お問い合わせ　検索　https://gyosei.jp/inquiry/

〈検印省略〉

印刷　ぎょうせいデジタル株式会社　　　　　　　　　©2022　Printed in Japan
※乱丁・落丁本はお取り替えいたします。
ISBN978-4-324-11131-4
(3100555-01-003)
〔略号：教実ライブラリ 3〕

咲洲庁舎展望台（大阪府）

大阪のベイエリアにクールな外観で一際目を引く建物がある。ここは大阪府咲洲庁舎。高さは256mの超高層ビルで、さきしまコスモタワーの愛称でも親しまれている。高層階の展望台は、大阪の人気夜景スポットとして知られている。地上から52階までシースルーエレベーターで一気に駆け上がる。そして、全長42mのロングエスカレーターの先に地上では想像できなかった夜景が待っている。

写真・文／**中村 勇太**（夜景写真家）

なかむら・ゆうた／日本と台湾を取材する夜景写真家。日本夜景オフィス株式会社の代表取締役。カメラ雑誌などで夜景撮影テクニックの記事執筆、テレビやラジオの番組に出演し夜景の解説、ツアーにて夜景のガイド、夜景撮影教室にて夜景撮影のレクチャーなどの活動を行っている。自身が企画・運営している夜景情報サイトでは、「夜景で繋がる。旅が輝く。」をテーマに、日本全国、台湾の夜景スポット情報、夜景に関するニュースなどを配信している。

咲洲庁舎展望台（大阪府）

ロングエスカレーターを降りた瞬間、目の前に大阪ベイエリアの夜景が広がる。ガラス面は広く、さらに足下から天井まで夜景に向かって傾斜しているため、屋内でありながら夜景がクリアでダイナミックに見える。大阪都心のビル群から明石海峡大橋、オレンジ色に輝く埠頭など街と海が入り交じる夜景を俯瞰できるのは同展望台ならではの光景。そして是非カップルシートに座って欲しい。この絵にも描けない美しい夜景を独り占めしている気分を味わえる贅沢な空間だ。

プロフィール
- 名前の由来：「うかぢ（宇賀地）」＋「おにぎり」
- 具材：宇賀地っ子のよさ（笑顔、あいさつ、元気）
- 特徴：頭はユリ（日本1位の産地）
  顔はおにぎり、目の形はお米（魚沼産コシヒカリ）
  体は「宇賀地」の「宇」の字や雪をイメージ

うかにぎり

新潟県魚沼市立宇賀地小学校

　魚沼市立宇賀地小学校には、「うかにぎり」というキャラクターがいます。2018年度の卒業生は卒業プロジェクトを進める中で「宇賀地小学校のオリジナルキャラクターを作りたい」「地域の方々や在校生にキャラクターと一緒にもっと宇賀地を好きになってほしい」という願いをもちました。その思いを全校児童に伝え、キャラクターの公募、候補デザインの作成、全校投票を行いました。そして、誕生したのが宇賀地の名産である米やユリをモチーフとしたキャラクター「うかにぎり」です。卒業生から「うかにぎり」を託された在校生は、挨拶運動・運動会の児童会種目・宿泊体験学習・校外学習など、様々な活動で「うかにぎり」のぬいぐるみを連れ、共に学習したり、被り物をして「うかにぎり」になりきったりして活用してきています。2020年度には「うかにぎり」を活用した教育活動でパナソニック教育財団から実践研究助成を受け、研究成果は優秀事例として奨励賞に選ばれました。近年は地域のコミュニティ協議会とのつながりを生かし、地域の街歩きマップに登場したことで「うかにぎり」は地域にも浸透し始めています。これからも児童が愛着をもち、学校・地域を盛り上げられるよう「うかにぎり」の活用を継続していきます。

（教諭・若井純）

1年生を迎える会で元気に新入生を歓迎するうかにぎり。

登山にも参加。子供たちとともに立山山頂で万歳三唱！

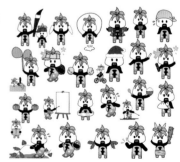

現在、約70種類のうかにぎりが活躍中！

120